且共从容

王小玲名班主任工作室
家庭教育指导案例集

李巧云 钟 颖 邹小苑 / 主编

 中国出版集团　现代出版社

图书在版编目(CIP)数据

且共从容：王小玲名班主任工作室家庭教育指导案
例集 / 李巧云，钟颖，邹小苑主编. — 北京：现代出
版社，2021.7

ISBN 978-7-5143-9361-3

Ⅰ.①且… Ⅱ.①李… ②钟… ③邹… Ⅲ.①小学—
班主任工作—案例 Ⅳ.①G625.1

中国版本图书馆CIP数据核字（2021）第155645号

且共从容：王小玲名班主任工作室家庭教育指导案例集

作 者	李巧云　钟　颖　邹小苑
责任编辑	窦艳秋
出版发行	现代出版社
地 址	北京市安定门外安华里504号
邮政编码	100011
电 话	010-64267325　64245264
网 址	www.1980xd.com
电子邮箱	xiandai@cnpitc.com.cn
印 制	北京政采印刷服务有限公司
开 本	710mm×1000mm　1/16
印 张	11.75
字 数	188千
版 次	2021年7月第1版　　2021年7月第1次印刷
书 号	ISBN 978-7-5143-9361-3
定 价	45.00元

编 委 会

序 言

不要以家长自居，父母要成为孩子心理同龄人

（代序）

纪伯伦在《论孩子》中写道："你的儿女，其实不是你的儿女，他们是生命对于自身渴望而诞生的孩子。他们借助你来到这世界，却非因你而来，他们在你身旁，却并不属于你。你可以给予他们的是你的爱，却不是你的想法，因为他们有自己的思想。你可以庇护的是他们的身体，却不是他们的灵魂，因为他们的灵魂属于明天，属于你做梦也无法到达的明天。"

事实上，孩子不仅属于家庭、父母和他自己，还属于国家、民族和人类。作为孩子的父母，养育和教育孩子是责任与义务，而学校家庭教育指导应该让父母明白，我们只是孩子的父母，而不要以你说了算、孩子只能服从的"家长"自居。

在学校家庭教育指导中，小学班主任老师如何成为学生心理同龄人？

本书提出了新时代家庭教育的指导理念，积极探索了一到六年级学生发展的特点规律和立德树人促进学生健康成长的指导措施与方式方法。

在学校家庭教育指导中，如何指导帮助父母成为孩子心理同龄人？

第一，父母要关心孩子的心理成长，关心孩子的情绪感受。在广州做过一个调查，孩子放学回家了，父母最常问的一句话："功课做完了吗？有空多做做练习。"在广州的家长问卷调查中，有78.5%的家长会问这句话。"孩子，你今天在学校心情如何？开心吗？"甚少有家长会这样问孩子。上学时，孩子因磨蹭、赖床等原因迟到了，可能导致家长上班也迟到了，在上学路上，家长可能会不停地责备、抱怨孩子"你总是这样，你老是这样"，开始与孩子算"总账"。

如果一天中，父母都是用否定的语言训斥孩子，孩子每天从父母的情绪中接收到的都是消极的、负面的评价，父母很少关心他的情绪感受，长此下去，往往会引起孩子的心理抵触和逆反，甚至形成心理问题。

第二，要了解孩子学习与心理成长的关系，认识孩子成长中的问题。一般来说，"问题孩子"只是孩子的问题行为，只是孩子遇到了问题。父母对孩子的教育不是解决孩子的问题，而是引导孩子发现问题和自己解决问题。从心理学角度来看，80%的品行与学习习惯、学习兴趣、学习动力有关系。纠正不良的行为，可以先从学习方面来帮助孩子，家长多鼓励孩子，发现孩子的兴趣、闪光点，不要对他的学习成绩有太多要求，不满意时给予冷面孔，或使用打骂的方式。孩子八成的不良情绪来自家长和老师的负面情绪影响，所以，家长要注意自己的教育行为。

第三，要让家长明白，小学阶段影响孩子成长的"重要他人"从父母转移到老师身上，家校合作、协同共育是有效促进孩子健康成长的关键。在指引促进孩子健康成长和全面发展上，家庭、父母和学校、老师各自都有特色优势。

《全国家庭教育指导大纲》指出：家庭教育是学校教育和社会教育的基础，家庭教育重在教孩子如何做人，家长是家庭教育的责任主体，家庭建设是家庭教育的重要保障，尊重儿童成长规律是家庭教育的前提，尊重和保护儿童权利是家庭教育的基础，家庭、学校、社会是促进儿童成长的共同体。家庭教育对孩子成长的影响具有深远的意义。在家庭教育中，父母的影响具有亲缘性与不可替代性、亲情性与深刻长远性、随时性与潜移默化性、终身性与自觉传承性。

苏联教育学家苏霍姆林斯基说："儿童只有在这样的条件下才能实现和谐的全面发展，就是两个'教育者'——学校和家庭，不仅要有一致的信念，始终从同样的原则出发，无论在教育的目的、过程还是手段上，都不能发生分歧。"学校教育、教师对孩子的影响具有深远的意义。学校教育具有专业性、正向性、全面性和融通性，教师具有家庭教育指导的责任和义务，为家长服务，提供支持的观念，尊重家长的意愿，坚持需求导向，调动家长参与的积极性，引导家长注重提升自身素质，注重家庭建设和良好家风传承，促进亲子互动共同提高。

在探索家校合作、协同共育新思维、新样态道路上，有这样一群人，因教育事业而齐聚于室，精于勤，勤于学，敏于思，诚于心，笃于行，情动于中而形于言，永歌之，心神往之，终成诗也。他们是深圳市王小玲名班主任工作室成员。三年来，工作室共出版合著3本：《小学班主任工作理论与实践研究》《一路向暖：王小玲名班主任工作室实践探研案例集》《通心·同心·童心：王小玲名班主任工作室班本课程设计》，如今，王小玲名班主任工作室又出新作：《且共从容：王小玲名班主任工作室家庭教育指导案例集》，编者并不是通过出书来告诉读者自己有多么的高高在上，抑或向读者炫耀自己的能力。写书其实只是为自己的一些经历与克服的困难做一个总结，这是一种超越了旧的自己而蜕变成新的自己的证明。它只是为了将自己克服的困难作为例子告诉周围的人，在鼓励其他人的同时，也衷心地希望自己的经历对读者能够起到抛砖引玉的作用。王小玲名班主任工作室的每一个进步都凝结着勇气与汗水，坚实而沉稳。愿我们的学生及其家长，因为我们的进步而变得更加美好。

作为学生生命成长引路人的班主任，我们有一双明亮的眼睛，是否会用它来发现孩子的成长？我们有一双灵敏的耳朵，是否会用它来聆听孩子的心声？我们有一双灵巧的大手，是否能用它来点燃孩子的希望？我们有一颗仁爱之心，是否能用它来激扬孩子的生命？

我们以此与大家共勉。

李 季

李季，广东第二师范学院心理学教授、教育管理研究员，广东省中小学德育研究与指导中心副主任、首席专家，中国陶行知研究会未来教育专业委员会理事长，教育部中小学卓越校长理论导师，教育部中小学班主任国培计划首批入库专家，全国名班主任工作室联盟执行主席，广东省家庭教育研究会会长，广东省家庭教育讲师团团长，广东省中小学班主任讲师团副团长。

我们为什么要跟家长说

（代序）

英国教育家斯宾塞说："如果父母从来没有受过如何养育孩子的教育，但却大胆地从事教养儿童这个艰巨任务，就好像一个做生意的人不会算账，一个没有学过解剖学的人给人做外科手术一样。"可见，家长掌握家庭教育理念、常识和技巧是如此的重要。

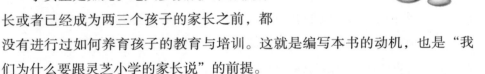

事实正是如此。绝大多数成人在成为家长或者已经成为两三个孩子的家长之前，都没有进行过如何养育孩子的教育与培训。这就是编写本书的动机，也是"我们为什么要跟灵芝小学的家长说"的前提。

如今，40多年改革开放，人们的物质生活得到了令人惊讶的提高，故步自封局面被打破，思想格局开始放大放宽，使得原本的条条框框被打破。另外，随着社会与经济发展而出现的一些严重社会问题，使得道德水平在一定程度上受到侵蚀和消解，更是随着网络信息的发展而下降。在这种情况下，有社会责任感的教师对家长一味追求分数的现象以及所表现出来的某些偏执的教育方式表示极其担忧。他们深知，只靠学校教育是无法满足日益成长的孩子以及飞速发展的社会需要，家庭教育就不能不随着时代的要求做出新的应对。正如法国启蒙思想家爱尔维修所言："人是摆在不同人们眼前的一个模特儿，每一个教育家或教育工作者都可以从不同的立场和视角考察人有关教育的某些方面，但是谁也不能确定是否确证了教育的全部本质与全部内涵。"在这个角度上看，培养人的教育，其实是创造性的，是针对每个不同的个体、不同的个性而因材施教的过程。如此一来，正确的家庭教育不但可以让教育事半功倍，还可以让学生走在最正确的路上。

然而，各种教育的技巧与实践都是在探索中萌芽、发展、构建的。对于处在教育教学活动第一线的班主任来说，在教学过程中研究家庭教育不只是责任与义务，也是这一过程的展现，更是机遇与挑战。班主任需要对家庭教育研究有开阔的视野，对关怀学生的现实有积极的情怀，对研究过程中与学生家庭以及社会现实的密切关系有高度的触感性和敏锐性，才能使家庭教育原有的格局发生改变。而这种改变恰恰是每一个参与家庭教育研究的班主任发展自我的良机。然而，如果只是按照西方的家庭教育研究的经验，未必就适合正处于社会转型和经济高速发展的深圳学生家长。我们有我们自身的社会现实问题，要从身处的社会现实问题出发，研究学生、认识学生，为家长提供问题解答，在此过程中成就自我。

海德格尔说过："我们每个人都走在路上，而且是走在林中布满荆棘的路上。"孩子所走的路，虽然取决于他自己，师长指导却是关键所在。孩子们走在自己的路上，所选择的态度、信念、价值观都需要引领。而家长在这期间要看得到教育的殊异风景，领悟得到家庭教育的真谛，才能把准家庭教育的内在因素与外在因素的辩证关系。而这一切都需要教师从旁指导，帮助家长把握家庭教育的规律，抓住育子技巧，更好地陪伴孩子成长。

本书是深圳市王小玲名班主任工作室全体成员在经过4年的案例积累和个案跟踪与研究的基础上，统筹整理出来的书籍，对广大家长养育孩子的过程有着指导性作用。而深圳市王小玲名班主任工作室的大多数成员来自灵芝小学一线班主任，他们在行走中实践，在实践中获取，在获取中分享。经过缜密的思考后，撰写了对于学生在小学阶段问题的处理方式与家庭教育的问题解答，带有很强的现场感。他们研究班主任与家长之间、家长与学生之间的沟通技巧，从多种因素、多个侧面、多个视角审视家长与学生之间、教育与

学习之间的多种矛盾对立的内容，并以增长班主任专业化的活力和效度为目标，推出了富有创造性、可操作性的实践成果。

教育者，要肩负起历史以及时代所赋予的重任，以职业的神圣使命，行走在育人路上。

王小玲名班主任工作室与家长的对话，责无旁贷。

是为序。

林茛

2020年8月31日

林茛，高级教师，灵芝小学副校长、中国家庭教育指导师（高级）、华文教育国际志愿者、深圳市作家协会会员、宝安区国学研究会副秘书长、宝安区朗诵家协会理事。出版了《月牙如梳》《旧红》《片断》，以及家庭教育文集《古代家训与现代家风》和中华优秀传统文化教育《问渠》等多部个人专著。连续六次前往马来西亚进行中华优秀传统文化及家庭教育学术讲座，是深圳市到马来西亚沙巴州进行国学传播的第一人；在国内，分别在西安、贵阳、梧州、东莞等地举行家庭教育及中华传统文化教育讲座，被深圳市文明办、深圳监狱、深圳中心书城、南山书城、南山图书馆、沙头角图书馆等机构以及全市各学校邀请举行系列讲座300多场。

耐心陪伴，心香自放

（自序）

深圳市王小玲名班主任工作室一直以"用心做事、用爱陪伴"为核心理念，在主持人王小玲老师的带领下，在工作室所有老师的共同努力下，深圳市王小玲名班主任工作室已经成为区域内有一定影响力的研究平台、成长阶梯、辐射中心、师生益友。我们的探索扎根于一线班主任的每一个工作细节，我们的交流起始于一线班主任的每一次难点提问，我们的探究服务于一线班主任的每一处成长空间。我们欣喜地发现，因为我们所有工作室成员的热爱和坚持，已经有越来越多的班主任受益于我们总结出的策略与创意。我们也在一次次的交流中收获了更多共同前进的力量，每一位身在一线的班主任，都是我们的挚友。

但是，在我们前进的过程中逐渐发现，不仅有班主任挚友，还有更多处在迷茫中的家长朋友在陪伴、督促着我们成长。班主任们也越发意识到，没有家庭教育的助力，学校教育可以说是寸步难行。家庭是孩子"最初的学校"，也是永恒的避风港。如今，随着社会的高速发展，城市化进程的加速，现在的亲子关系早已不可同日而语。学习压力、竞争压力、特长压力，越来越多的压力压缩着孩子们本该单纯愉快的童年时光，也有越来越尖锐的亲子问题浮出水面。原本和蔼的父母会在辅导作业时变成"狼爸狼妈"，原本周末应该陪孩子去踏青的父母只能奔波在送孩子去各种培训班的路上，甚至亲子关系变得紧张，孩子和父母难以沟通，相互不理解，等等。这样的情况在小学教育中不占少数，让我们心痛。

每一种紧张的亲子关系背后，都是一套不适合孩子的家庭教育方法。但每一个孩子的心里，始终对父母有着最深的依赖。父母的言行是孩子成长的航标，家庭的和谐是孩子成长的动力，家人的关爱是孩子成长的温床。一个家如果没有书香，就像森林缺少了绿色；一个家如果没有了心香，就像森林缺少了阳光。只有亲子关系良好，才称得上给了孩子一个幸福童年。只需父母耐心陪伴、悉心配合，家校共育，事半功倍！

为了帮助家长朋友们解决在家庭教育方面和亲子关系的疑难问题，我们工作室召集了不同学段的一线班主任，她们经验丰富，在一次次与家长和孩子的沟通中提取出成功的教育经验，我们还在各个学段的家长朋友中征求疑难，每一个看似简单的问题都在工作室进行过深入的研讨交流，最终按学段特点编排成册，方便家长们查阅。本书没有艰涩的理论，只有一个个直白的提问案例和平铺在您面前的解决办法。相信无论您的孩子处在小学的哪一个年级，只要您翻开此书，都能找到关于家庭教育的一些灵感与策略。本书还可以陪伴着您和您的孩子共同成长，成为您家庭教育道路上的好帮手。

钟颖

2020年8月16日

目　录

第一章
家庭教育探讨

01

所谓"源于父母"指的是孩子的教养来自父母影响。这种影响更多的不是说教，而是身教——父母以自己日常生活中随时想着别人、尊重别人的点点滴滴的言行，感染并影响着孩子。

——李镇西

读懂您的孩子，做高质量陪伴的父母

　　孩子是父母的一面镜子，父母的一言一行都在潜移默化地影响着孩子。父母到底要给孩子打下一个怎样的人生底色？鲜艳，暗淡？快乐，忧伤？答案不言而喻。可是如果我们不懂孩子，不了解孩子每一个年龄段的特点，不懂针对年龄特点进行有效的引导陪伴，愿望再好，结果也不一定能够让您满意。

　　从一到六年级，我们的孩子要经历多少重要的变化，面临多少挑战，这是我们作为家长需要了解的问题。王小玲名班主任工作室有一群经验丰富的老班，从自身陪伴孩子、陪伴学生的过程中总结了每个年龄段的特点及教育应对措施，力图从孩子、家长的视角，帮助孩子们领悟成长的快乐与烦恼，帮助家长读懂孩子，做个高质量陪伴的父母。

读懂您一年级的孩子，做高质量陪伴的父母

□ 深圳市宝安区流塘小学　邹小苑

本期我们先来了解一年级的娃

带领大家走进一年级的是

流塘小学的名班主任工作室主持人

邹小苑老师

一位有着20年教学经验，有爱且热情的大姐姐

美国心理学家格塞尔说：对不同年龄的孩子，应该寄予不同的希望。是的，儿童发展是一个过程，在不同阶段应呈现不同形态。大量事实证明，在遵循儿童身心发展的规律和年龄特点的前提下，进行适宜性教育，能促进孩

子更好地发展。作为家长和老师，要成为孩子人生中的良师益友，教育、帮助孩子健康成长，前提是了解和掌握孩子的身心特点。

六七岁是儿童开始进入小学学习的时期，是孩子人生一个崭新的开始。无论在生理、心理还是生活、学习环境方面，都发生了巨大的变化，一方面他们对新生活感到十分新鲜和渴望；另一方面又舍不得离开自己的爸爸妈妈。孤独无助的感觉会伴其左右，形成了孩子人生成长过程中的第二个"断奶期"。

一、小学一年级儿童的生理特点

小学一年级儿童的脑组织已完全有能力接受小学教育。小学低年级儿童的脑与神经系统的发育非常迅速，但毕竟没有完全成熟，因此，他们需要较多的睡眠时间。一般来说，7岁儿童需要11个小时的睡眠时间。充足的睡眠时间不仅有利于孩子各个器官的正常发育，也有利于他们维持正常的学习活动。小学一年级儿童的骨骼骨化未完成，胶质含量高，十分容易弯曲。因此必须十分注意姿势，尤其是坐姿，以免长大后骨畸形。小学一年级儿童的肌肉未完全发育，心脏和呼吸器官的功能远未成熟，因此，他们还不能过分负重，以免损伤肌肉，也不能从事运动量过大的剧烈运动，以免损害身体健康。

二、小学一年级儿童的心理特点

1. 感知特点

小学一年级儿童在感知事物时满足于事物的大概轮廓与整体形象，常常不对事物做精细分析，容易忽略事物的某些细节。以识字为例，他们只满足于每个字的轮廓，却不去把握字的每一个细节，导致他们认字时容易把外形相似的字张冠李戴，混淆起来；写字时容易出现不是漏笔画，就是添笔画，无法精确地把字写对。例如"未"与"末"，"己"与"已"，在他们看起来都是同一个字，完全凭感觉把它们写出来。

小学一年级儿童的感知具有明显的随意性与情绪性。他们的感知活动较少受目的控制，较多受兴趣控制。这就导致他们感知事物常常跟着兴趣走，不按老师要求的去感知。老师要求他们观察花的形状、结构与颜色，他们却被叶子上的昆虫所吸引，去玩弄昆虫，把花撇在一边不予理会。小学一年级儿童的感知目的性只有在老师和家长的严格要求与训练下才能逐渐培养起来。

小学一年级儿童的时间与空间知觉还很不完善。他们还不能理解"上下""左右""大小""长短""快慢"的相对性。老师与他们面对面，他们就分不清老师的左右，不知道老师的左就是他们的右，老师的右就是他们的左。他们对于那些过大或过小的空间与时间的概念也不易理解。这种情况，只有当他们思维发展之后，才能逐渐消失。

2. 注意特点

小学一年级儿童的注意以无意注意为主，有意注意还不完善。他们的注意常常容易被活动的、鲜艳的、新颖的、有趣的事物所吸引。因此，教室之外的小鸟、飞蝶、虫鸣都容易使他们注意力分散。他们的注意力很难长时间保持在一个事物上。研究表明，5～7岁儿童注意力的保持时间是15分钟左右。

3. 记忆特点

小学一年级儿童的机械记忆占优势，机械记忆的水平较高。因此，他们的记忆不是靠理解，而是靠反复背诵来实现。由于小学一年级儿童的机械记忆水平较高，因此，在记忆材料时要根据他们的这一记忆特点来安排和要求。小学一年级儿童的记忆任务在于培养意义记忆，逐渐学会在理解的基础上去记忆，而不是死记硬背。一年级时，孩子真正站到了社会的入口，教育孩子成为合格的小学生，将来成为优秀的人才，这是广大家长和全体老师的共同心愿。然而，教育是一门科学，又是一门艺术，需要不断学习，寻找规律，把握方法，才能达到理想的效果。

故事一：迟到

"宝贝，该起床了。"如此边忙着给孩子做早餐，边三番两次叫孩子起床的情节，对于大多数妈妈来说，是件头疼的事。思思妈妈是一名医生，又是单亲妈妈，每天早上7：30前就要赶到单位上班，她给女儿买了一个闹钟，但闹钟响了，思思半天都起不来。开学一周了，每天思思都是被妈妈从被窝里拉下床的。第二周星期天的晚上，临睡前，妈妈告诉女儿，"思思，从明天早上起，什么时间起床需要你自己定，起晚了也要自己来负责"。然而，孩子毕竟是孩子，第二天早上，闹钟刚一响，就被思思顺手关掉了，然后继续睡觉。8点半的时候，思思醒了，一看时间，赶紧穿上衣服，背着书包就往学校跑。思思妈妈跟在后面，边走边打电话告诉同事要再请假30分钟……那天下午放学的时候，思思妈妈已经和班主任商量好了，也故意迟到30分钟去学校接思思。晚上吃饭的时候，思思告诉妈妈，因为迟到，第一节课旷课了，老师找她谈话了，她向老师保证不再迟到。妈妈也告诉思思：今天为了送你上学，我上班也迟到了。麻烦一：被扣了全勤奖；麻烦二：挨院长批评和写检查；麻烦三：来看病的病人排队等了很长时间。从此以后，思思每天睡觉前，都会检查闹钟调好了没有，思思起床从不自觉到自觉了。

教育观点一：孩子独立自主，能力就强

在生活中，家长应在尽可能的情况下，让孩子发挥自己的能力，养成自己的事情自己做，要相信孩子，要培养孩子自己整理书包，自己做作业，洗漱、穿衣、用餐、入睡等自理能力。如何培养孩子独立自主的能力？

（1）建立规则。给孩子制定良好的规则，让孩子对规则本身有足够的敬畏或者尊重。任何的自由都是建立在规则之内的，确立良好的规则，双方确立"契约"，明确惩罚办法。在一个良好的规则范围内，真正做到独立本身。

（2）要根据孩子的年龄特征和生长发育规律进行，忌提过高要求，让孩子难以完成。孩子处在不同阶段，对其自理能力的要求应有所不同。

（3）积极的支持。从孩子的归属需求出发，无论孩子做什么决定，给予良好积极的外界支持，不只局限于心理上支持，同时也可以有适当的行为能力上的支持指导。信任孩子，忌过多干涉，孩子在成长过程中萌发独立意识，父母不要取而代之，而是要利用这个关键时期去培养孩子的自理能力。

故事二：从来回走动到聚精会神

小夏因小时候摔跤，颅骨动过手术，视知觉、听知觉、运动平衡的能力和语言能力等方面发育较迟缓。上一年级后，小夏在家里写作业时，30分钟的时间来回走动了至少10次，一会儿看看客厅里有没有吃的，一会儿去上厕所，一会儿又看看阳台的风景。妈妈没有训斥孩子，她只是平静地与孩子谈道："儿子，30分钟来回走动十来次，是不是太多了呀！依我的观察，你30分钟活动六七次也就差不多了。"儿子留意到了这一点，他尽量减少自己的活动，一个小时只活动了5次。妈妈十分高兴地说："儿子有进步，一下子能减少活动一多半，可妈妈觉得你还有潜力，把写作业当作在学校上一节课。"在妈妈的鼓励下，儿子又有了新的进步。到后来，不用妈妈监督，小夏在做功课时也能坚持到写完才起身活动……

教育观点二：正确的鼓励给孩子增添更多的动力

美国心理学家詹姆斯说过：人性中最深切的禀质乃是被人赏识的渴望。因此，适度的表扬和鼓励能让孩子体验到成功的喜悦。鼓励是教育孩子最好的方式。也许就是一句简单的话，也许就是一个随意的拥抱或拍拍肩膀，孩子就会朝着家长期望的方向做百倍的努力。一是任何鼓励评价的前提都是尊重，方法要巧妙而谨慎。二是鼓励的终极目标是激发孩子进步的内在动机。三是鼓励所传递的是价值观。夸努力，不夸结果，否定坏行为，但要肯定、鼓励勇于承担责任。四是表扬、鼓励、评价要具体化，不能宽泛为"你真棒""你真好""你真粗心""你真差劲"，要让孩子清楚好在哪里，差在哪里，该如何修正。

故事三：教育就是习惯的培养

一年级小学生刚踏进校门，由于成长环境的不同、个性不同、生活习惯的不同，我每天走进教室总会发现地上有不少丢弃物。为此，我每次发现丢弃物就弯腰捡起，并把这些丢弃物放进垃圾桶里，而且每天不定期抽查，大力表扬卫生习惯好的同学。时间长了，教室里的丢弃物逐渐少了，即使有丢弃物，也有很多同学效仿我的做法把丢弃物捡起来放到垃圾桶里。我们教室里的卫生就这样越来越好了。

教育观点三：习惯可以决定一个人的成败

《三字经》里有"人之初，性本善。性相近，习相远"。说人本来性情很相近，但由于行为习惯的偏差，成年后个性等都变化得相差大了。这说明习惯对每个人一生的影响很大。3～12岁是形成习惯的关键期，家长要帮助孩子养成读、写、记、查的学习习惯，要养成举止文明、遵守秩序、尊重他人、懂得感恩、守时惜时、勤俭节约、讲究卫生、锻炼身体等好的生活习惯。当我们想要帮助孩子养成好习惯的时候，应着眼于这种好习惯带来的好的结果，这种结果就是习惯培养的目标。

（1）给孩子一个可以理解的理由，明白为什么要这样做。

（2）与孩子一起制定养成一个好习惯的目标，参与和体验。明白是什么。

（3）帮助孩子形成好的习惯，方法要具体，可操作性要强，明白怎样做，扬长避短、循序渐进。

（4）家长和老师凡要求学生做到的，自己首先要做到，榜样的力量是无穷的。

孩子成长有规律，每个阶段的特点都不同，就像小树苗生长一样。让我们读懂孩子的年龄特点，走进童心世界，帮助孩子建立完整的人格，教会他们独自面对世界。祝福每一个孩子都成为有用的人才，祝福每一个家庭都幸福美满！

【结语】

掌握好的方法，是学业有成的前提；打下好的基础，是事业发展的必需；养成好的习惯，是终身受益的伟业。

参考文献

静涛.一年级，影响孩子的一生［M］.南昌：江西美术出版社，2017.

读懂您二年级的孩子，做高质量陪伴的父母

□ 深圳市宝安区天骄小学　陈瑞霞

本期我们来了解二年级的娃

带领大家走进二年级的是

天骄小学的名班主任

陈瑞霞老师

一位活泼可爱，温暖灵动的小姐姐

　　二年级的孩子，经历了一年级的懵懂好奇，已经慢慢趋向成熟，但行为还不能完全跟上意识，是自信心形成的关键期。二年级孩子的年龄特点有如下几点。

二年级的孩子，注意力集中的时间比一年级长了一大截儿，自控能力有所提高，但还不能够应对自如。所以往往是道理懂得一大堆，但是行动不能完全跟上。例如，我们班的小Q同学，他是个特别有想法的孩子，阅读是他最快乐的事。因为爱阅读，小Q思维特别活跃，语言表达能力也特别强，所以在课堂上，他的发言总是让我们耳目一新，总能博得同学们热烈的掌声。但就是这么一名热爱读书的学生，有时候课堂上却也让人头疼。也许他刚好想到一件有趣的事，然后，你就会看到课堂上他看着窗外傻笑的样子，至于老师讲了什么，那就完全不理会了。这个时候如果你温柔地走到他面前抚摸一下他的脑袋，他就会不好意思地冲你笑笑，然后认真听课。然而，如果碰巧遇到老师心情不好，批评两句，那就不好意思，整节课甚至两节课你都能看到一个眼睛红红，嘟着小嘴生闷气的小男孩，任你怎么说都不为所动。也可能下课后，他会悄悄塞给你一张纸条或者抱住你害羞地说一句："对不起，老师，我知道不该发脾气，你能原谅我吗？"这个时候，我每每被他气笑了。所以，家长在教育孩子的时候最好以鼓励引导为主，在他某些行为不能够匹配他所要达到的高度时，不动声色地给予方法指导，并一直鼓励他，甚至在必要的时候带着他一起完成这件事，帮助他建立自信心。

二年级的孩子，自我意识逐渐加强。他们经常挂在嘴边的话是"我知道""你别管"等，他们觉得自己长大了，可以像个大人一样独立完成自己的事。在行为上却表现为比较对立的复杂性：如二年级的孩子还是很尊重老师，懂得在学校服从老师或者班干部的管理。他在学校的各种表现可以用乖巧懂事来形容，他清楚地知道自己在学校需要做什么，什么是对的，什么是错的，所以，老师不用像一年级那样苦口婆心，反复唠叨。只需要说简单的指令，孩子即可明白。例如"完成预习""课前准备"等。但是在家里可能就恰好相反，他会像个小霸王一样，这也不要你管，那也跟你对着干，以此来标榜自己已经长大了。如果家长跟他讲道理，他又表现得很不耐烦，"知道了，知道了"是他的口头禅，甚至还会加上一句"你烦不烦呀"这种听起来让人难过的话语。

班上有个叫心心的小女孩，就是这样的孩子。在学校，她是体育委员，是老师最贴心的小棉袄，有老师、同学需要帮忙，她总是第一个站出来，课堂上最端正的坐姿、最明亮的眼睛永远属于她。但就是这样一个乖巧懂事的小女孩，在家里却是个十足的小霸王，说一不二，十分倔强，据说最疼爱她的爸爸基本每天为了做家庭作业气得肺都炸了。这种截然不同的表现，对于二年级的孩子来说，是再正常不过的事情。这是因为他在父母这里有足够的安全感，所以父母是他敢于对抗的第一权威。父母在教育二年级的孩子时，耐心是第一重要的。另外，要表现出足够的尊重，引导孩子把应该做什么和想要达成的目标制成一个日程计划表。然后在他"不小心"忘记的时候，用你们彼此约定的方式悄悄提醒他。父母在与孩子沟通时要注意说话的方式，避免用命令的、强硬的、质问的语气，最好能够以和缓的、关怀的、尊重的语气，让他感受到，我的事情是我自己在做主，而且我觉得我能很好地管理自己的行为。让他有这样的自信，在这个"七八岁狗都嫌"的阶段也许就不会那么难过呢！

二年级的孩子，思维上还是以形象思维为主。对他们来说，抽象的概念太过复杂，难以理解，但是具体形象的表达能让他们很快领会你的意图。例如，你要跟孩子说："你上课要认真！"还不如改成这样："我喜欢上课特别喜欢回答问题，不做小动作的孩子。"这样具体的要求，孩子能够理解并会努力试着去做。又如，说一个成语时，如果你像字典上解释的那样去解说，他很难理解，但是如果以故事或者描述情境的方式，他就一下子明白了。所以父母在与孩子相处时，简单有趣的故事可能比枯燥的说教效果更好。有时候在孩子情绪激动时，一个拥抱让他安静下来后，给他听一个故事或者塞给他一本绘本，让他自己阅读，比你唠唠叨叨讲得口干舌燥管用。他可能一会儿就意识到："我刚刚确实过分了……"

二年级的孩子，可以很任性，也可以很乖巧，就看父母有没有足够的耐心和技巧跟他们"斗智斗勇"了。

【结语】

别想一下造出大海，必须先由小河川开始。

读懂您三年级的孩子，做高质量陪伴的父母

——读懂三年级孩子之年龄特点及教育措施

□ 深圳市宝安区新安中学（集团）外国语学校　严艳芬

本期我们来了解三年级的娃

带领大家走进三年级的是来自

新安中学（集团）外国语学校

名班主任工作室主持人

严艳芬老师

一位睿智有爱，细腻温柔的小姐姐

　　三年级孩子的一般年龄在9～10岁，正处在从低年级向高年级的过渡期。这个时期，孩子们的生理和心理都会有明显的变化，体形逐渐变强壮，体力逐渐变强大，可以独立做更多的事，开始从被动学习向主动学习转变。他们的自我意识越来越强，开始有自己的想法和主见，甚至开始有点叛逆，但是，心智非常不成熟，明辨是非和解决问题的能力还极其有限。因此，三年级是小学阶段的心理转折期，继续培养良好的生活和学习习惯与培养坚强积极的意志品质是本阶段的教育重点。如果能成功地引导孩子做好这个阶段的过渡，将为小学高年级乃至初中阶段的健康成长奠定良好的基础。

　　父母是孩子的终生导师。在抗击疫情这个非常时期，父母在孩子的居家学习中将起到关键性作用。在这个特殊时期，父母和孩子都应及时调整好心态。首先，家长要及时转变角色，从家长的身份转变为老师助教的身份，积极配合老师，引导孩子做好居家学习。其次，孩子也应该顺应时势变化，尽快适应"空中课堂"教学模式，积极主动参与学习。当然，在这个过程中，肯定会遇到各种各样的问题和困难，此刻，父母应该以积极的心态去引导孩子正面地、积极地看待暂时遇到的困难，把暂时的困难看作考验自身、提高自学能力的机遇，家长陪伴和帮助孩子积极应对，这个过程中，学生的适应能力、自主学习能力和亲子关系等各方面都将会有所提升。

一、培养良好的生活和学习习惯

　　具有良好的生活和学习习惯是孩子能够健康成长的重要保证。特别是目前还处于疫情防控期间，虽然孩子们不能到校学习，但是需要按照学校的统筹进行居家学习。那么，要让孩子在家里也能学有所得，健康成长，就要培养学生良好的生活和学习习惯。

　　（1）家长应当协助老师督促孩子认真完成抗疫期间"空中课堂"的学习和作业。

　　（2）家长要督促孩子积极进行体育锻炼，积极提高身体素质。

　　（3）家长要引导孩子除了完成自己生活上的事务，如收拾整理自己的房间和物品，清洗自己的衣服鞋袜等，还应该参与和承担一定的家务劳动，如搞卫生，通过劳动实践培养生活自理能力和责任感。

二、提高自主学习和自主管理能力

（1）制定详细、具体、科学的生活作息时间表和学习计划表。

（2）家长与孩子共商契约，制定家长评价表和孩子自评表，通过他评和自评来促进孩子自主性的提高。

（3）家长要建立激励机制和赏罚分明的奖惩办法，多一些表扬鼓励，少一些批评指责。

三、培养坚强的意志力

（1）抗击疫情期间，各行各业都涌现出了许多具有坚韧不拔的意志力的"逆行者"。家长应该陪伴孩子一起密切关注疫情期间的时事新闻，借助这个时代的勇士和英雄人物的人格魅力来感染孩子，激励孩子的斗志，培养坚强的意志力。

（2）平时陪伴和引导孩子多读一些名人传记类的书籍，通过了解名人的成长和成才故事，认识到人在挫折和困难中不断前进发展这一成长规律，培养坚强的意志力。

（3）在日常生活中，当孩子遇到困难和挫折时，家长应当鼓励孩子勇敢面对，引导孩子勇于迎难而上，攻克难关。家长还应该在日常生活中，有意识地设置一些有挑战性的活动让孩子去承担一些责任，让孩子通过实践和体验，提高意志力。比如，父母可以与孩子进行体能活动竞赛，设定登山计划，选择登山难度一次比一次高；父母也可以与孩子比赛坚持读一本书；父母还可以与孩子拼一些难度较大的拼图等。在不断挑战难度的过程中，培养孩子坚韧的毅力和坚强的意志力。

四、架起沟通的桥梁，建立良好的亲子关系

陪伴是最长情的告白。亲子陪伴能有效促进孩子的身心健康和各项能力的发展。

1. 陪读

《朗读者》一书中说道："你也许有很多金银财宝，可是，我永远比你富有，因为我有一个为我读书的妈妈。"

父母给孩子读书，陪伴孩子读书，读书这件事永远都不迟。家里要营造良好的书香氛围。首先要在家里建立图书角，除了打造一个专门的看书学习的书房之外，客厅、阳台、餐厅和洗手间等生活空间都应该开采出一片图书角，让家变成一个随时随地都可以读书的阅读空间。当然，建立了图书角，只是一个开始，更重要的事情是陪伴孩子一起阅读。现代人都很忙，很多人都说太忙了，没时间读书。但是，时间是挤出来的，倘若能够每天坚持挤出30分钟进行亲子阅读，养成习惯后，这就成了如同吃饭、喝水睡觉一样自然的事。因此，我们可以规定每天全家一起捧起书本阅读30分钟，并克服一切困难坚持践行亲子共读。阅读的书单可以参考各个年龄段的推荐阅读书目。

2. 陪学

三年级的学生经过了一、二年级的习惯培养，许多孩子已经养成了较好的习惯，但仍有部分孩子还没有养成良好的学习习惯。对于不同孩子习惯养成程度不同，自我管理能力不同，家长要做出不同的陪伴策略。对于能自觉完成作业、自学能力较强的孩子，家长需要陪伴孩子阅读更多的书籍，学习更多的课外知识。对于还没有养成自觉学习习惯、自理能力较差的孩子，家长需要继续花大量时间和精力陪伴孩子学习，手把手地教孩子如何预习、上课、作业、复习等。

家长只有严格监管和细心指导，坚持做好陪学角色，孩子才能逐渐养成良好的学习习惯，才能逐步独立自学。另外，家长在辅导孩子、陪伴孩子学习的过程中，应该更多的是关注学习过程，而不是学业成果。家长一定要多鼓励孩子，要表扬和肯定孩子在学习过程中表现出来的努力、认真、坚持等积极的品质。

3. 陪玩

游戏和玩要是儿童的天然兴趣爱好。亲子游戏不仅可以提高孩子智商和情商，还是培养良好亲子关系的重要手段。

当然，玩游戏也是有学问的。这里的玩游戏并不是简单低级的玩网络游戏、玩电子产品等玩物丧志的游戏。我所说的玩游戏是玩能开发孩子智商和情商的游戏，比如，猜谜语，猜成语，编故事，二十四点，做手工，做美食等。亲子之间在玩这类游戏的过程中能培养语言、思维能力和想象能力，提升合作和动手实践能力。

4. 陪聊

（1）找准聊天的时机

聊天也不是随时随地就可以进行的，假如发现孩子身上有一些毛病或者缺点，想要与孩子沟通的时候不能火急火燎地把孩子抓到跟前，立即开始你的说教。我们可以换位思考，假如你正在阅读或者写作业，突然有人过来找你聊天甚至是批评教育，这时的谈话当然你是听不进去的。那么，我们可以怎么做呢？我们可以选择一个恰当的时机与孩子进行聊天。比如，一家人出去旅行，大家心情都比较愉悦的时候，家长找到恰当的机会巧妙地切入主题，与孩子进行心平气和的沟通，这样的谈话，孩子更愿意接受。

（2）巧妙运用沟通技巧

建立良好的亲子关系要求父母要有良好的亲子沟通技能。十个手指有长有短，每个人身上既有可贵的闪光点，也难免有缺点。家长要善于发现孩子身上的优点，巧用优点激发孩子的积极性。那么，赏识教育是非常有效的教育策略。

多夸孩子。夸孩子并不是简单形式化地夸，如"你真棒""你表现得真好"这类笼统的评价，孩子听过了，几乎起不到任何激励的作用。我们应该要夸孩子后天的努力、勤奋和毅力，而不是夸孩子天生的聪明机灵。比如，孩子攻克了一道难题，我们可以这样夸孩子："你真有勇气，战胜了这道难题。"我们要抓住具体的事情来夸孩子，而不是笼统地夸孩子。比如，下班回家看到孩子已经写完作业了，可以这样夸夸孩子："宝贝，妈妈真高兴，不需要妈妈管，你自己就完成了作业，老师还跟我说你最近上课很认真积极呢。"我们中国人比较含蓄，不善于直白地表达内心情感，但是大声向对方表达情感是一种有效的沟通方式。父母可以多跟孩子说"我爱你"，真诚的情感表达会给亲子关系带来意想不到的效果。

巧用积极的语言表扬，肯定孩子，有效提升孩子的自信和积极性。然而，有温度的肢体语言则同样可以给予孩子积极的力量。父母别忘了任何时候与孩子说话或者交谈时都要给予孩子温暖的目光注视，给予孩子甜蜜的微笑，给予孩子大大的拥抱，这些看似简单的肢体动作，却能拉近人与人之间的关系，提升人与人之间的信任度。

父母不仅仅是孩子的启蒙老师，更是孩子的终生导师。父母应当把教育孩子作为第一事业和终生事业。可能有的父母会认为，庄稼浇不浇都会生长，孩子教不教都会成长。但是不要忘了，一分耕耘，一分收获。愿所有的父母对孩子的真诚陪伴都能有一份满意的收获。

【结语】

精心培育的花儿会灿烂绽放，用心陪伴的孩子会茁壮成长。

读懂您四年级的孩子，做高质量陪伴的父母

□ 深圳市宝安区松岗第一小学　文诗婷

本期我们来了解四年级的娃

带领大家走进四年级的是

松岗第一小学的名班主任

文诗婷老师

一位智慧可亲，循循善诱的小姐姐

　　四年级是孩子从低年级往高年级过渡的年级，不少家长都有这种感觉，仿佛觉得从前的小宝宝一下子有了许多的转变，无论是学业还是心理，四年级的孩子都有了许多变化。

从学业上来看，不少家长都会觉得孩子在低年级时考90分以上是很常见的，但好像到了四年级，这个成绩就退步了不少，课程一下子就变难了，孩子们在四年级时便出现了学业分化的现象。不管是学科的要求更多，还是高年级的考试对孩子的分析、理解等能力要求更高，这些都使孩子产生了畏难情绪。同时，作业量增加，孩子们对学习也会产生疲劳感。

比如班上的女生小静，在一至三年级时成绩稳定，家长一直不用怎么操心她的成绩，但到了四年级后，几次单元考试，成绩退步明显，这可急坏了小静的父母。四年级的试卷难度与低年级时有明显的区别，如英语的题型变化以及孩子开始要着手写小作文，语文则是要面对阅读材料的篇幅变长、难度增加，阅读理解的题目也更倾向于对文章整体的理解和对信息的综合整合能力的考查。

这时候，家长很容易就会把这种对学习成绩退步的焦虑进一步传给孩子，反而增加了孩子对学习的厌倦感。面对四年级的学业分化现象，我们需要做的是，耐心地寻找孩子学习上的问题。语文学习上是阅读模块出现了问题吗？英语考试是语法没掌握清楚导致失分吗？数学计算时是没明白运算的规律还是因为基础不扎实导致新旧知识衔接上出现了问题？家长帮助孩子把学习退步的问题弄清楚，寻找原因，细化过程，给予孩子更多的信心与耐心，相信孩子能更好地度过这个过渡期。

四年级孩子的心理悄然发生着变化，或许以前文静的孩子开始对很多事情有了自己的见解，原本对打扮没有兴趣的孩子也开始对自己的衣着重视起来。以前孩子对买什么没什么意见，现在却有了要求，鞋子要什么牌子的，衣服不能要那种样式的。您甚至还能发现孩子在回答问题时懂得了"避重就轻"，把事情向自己这一方"倾斜"，和您解释一件事情时有了更多的理由和"借口"。这些转变都是因为四年级孩子的自主意识开始增强。孩子们在分析问题时开始确立自己的位置，他们开始在处理事物时调整自己的立场和看法，出现了"我不是小朋友了"的想法。

面对这些心理上的转变，家长在和四年级的孩子沟通时应该以一个平等的角度去和他们商量问题，多了解孩子的想法，以"你是怎么看待这件事情呢""你有什么想法呢"这些问题去替代命令式的语气。到了四年级，孩子的自我意识开始崛起，他们的自尊心也在一点点增强，这时候，采用暗示的教育方法最容易让孩子接受。

在孩子遇到一些问题，情绪较激动时，减少与孩子的正面冲突，转而利用其他方法暗示孩子，如给孩子留一张小字条告诉孩子爸爸妈妈的想法，使孩子感觉到平等、感受到尊重，从而以轻松、愉快的心情去克服自己的缺点，以快乐的心情与父母合作。

多多理解孩子，陪伴孩子，无论哪个年龄段，家长给予的关心和爱才是解决问题的基础。

【结语】

发光并非太阳的专利，你也可以发光。

读懂您五年级的孩子，做高质量陪伴的父母

——孩子的长大，你真的准备好了吗

□ 深圳市宝安区流塘小学　张忠萍

本期我们来了解五年级的娃

带领大家走进五年级的是

流塘小学的名班主任工作室主持人

张忠萍老师

一位温文尔雅，风趣幽默的大姐姐

带着这班孩子一起走过5年，孩子们和我、我和学生家长们可以算是知根

知底。因此，家长们在我面前从来不护短，而且时常或跟我"撒娇"："张妈，你不是说喜欢姑娘嘛，快把我家这气人的臭丫头带走，我还想多活几年。"或跟我"求救"："张老师，上了五年级，本以为他大了，懂事了，未承想现在根本就叫不动他了，动不动就跟我甩脸子，跟我对着来。气得我呀想把他塞回肚子重造。"……每每看到这样的信息或留言，我总忍不住上扬的嘴角，不是幸灾乐祸，而是感叹着这些孩子又长大了，他们用自己各种各样的方式来宣告自己长大的事实。可是亲爱的家长们：孩子的长大，你真的准备好了吗？

五年级的孩子，11岁左右，正处于身心发展不平衡阶段。这些阶段中的孩子，不但让父母烦恼，而且他们自己也很烦恼。这其实是因为身体和心理的成长给他们带来严重的不平衡，而他们自己因为年龄尚小，驾驭不了这些不平衡。

五年级的孩子最大的特征是以自我为中心。他们会不太愿意合作，行动拖拉，但挑剔起爸爸妈妈的不是来却半点也不迟疑，奉行"宽以律己，严以待人"的态度。有趣的是，他们和外人相处则通情达理很多。很多爸爸妈妈发现，孩子在学校表现非常好，常常受到老师的表扬，可在家里却像个混世魔王……其实他们的烦恼和害怕也不少。他们烦恼完成家庭作业和学习学校课程，烦恼自己的身体发育，他们还害怕蛇虫等某些动物，害怕黑暗，甚至觉得自己越变越坏，觉得自己什么都做不好。他们的情绪来得快，去得也快。他们发脾气时如暴风骤雨，不过转眼就烟消云散。其实，连他们的生理状况都这样迅速变化，一会儿觉得浑身冒汗，一会儿又觉得好冷。他们像个永动机一样，一刻也不消停，哪怕他们坐在那里手脚也停不下来，实在不需要动时，他们也要把腿抖个不停……其实这是孩子受到内在生理改变以及活跃的生理现象所致。

虽然他们过分旺盛的精力、极端的自我中心、对家长的百般挑剔等让不少父母头疼，但如果我们把孩子这些"讨厌"的动作、"讨厌"的话、"讨厌"的事情，统统作为他们在这个年龄的"天性"来看待，我们的心态就会平和多了。做父母的如果能牢记叛逆期的孩子实际上是挣扎在他们自己成长的不平衡中，就容易理解、体谅、接纳孩子的"不乖"了。当然，也就能够更宽厚地对待自己和孩子之间的矛盾与冲突了。

　　成长从来不是只对孩子说的，为人父母，我们是否也想过它是一场需要的学习之旅呢？孩子从中年级到高年级的转变，看到的只是"中"到"高"一个字的改变，但你是否深思过这个字后面所带来的一系列的改变？你是否永远是握着那张不变的老船票，却想踏上孩子日行千里、扬帆远航的客船？其实，没有人能代替你来回答。是的，哪怕我今天搬出哪位世界有名的心理学家说过的五年级孩子心理特征和行为表现及家长如何正确对待孩子，也许打动了你三天，第四天你就会回到你自己的已知世界，"当年你外婆不也是这样虎着我长大的吗？"或者说着那句千年不变的"我所做的一切不都是为你好吗？你这个小没良心的"。父母爱孩子，这是本能，为孩子好，这是一只母鸡也明了的事情。但是，亲爱的家长，你想过孩子需要你什么样的爱与关怀吗？

　　孩子们跟我说："张妈，我不知道究竟要做到什么程度，才能让我妈满意！""错的永远是我，永远是我不识好歹，永远是我负了她的一番好心。""我生气时，就是无理取闹，她发脾气永远是理所当然。"……看着孩子们写给我的一封封信，一段段话，我再一次嘴角上扬，叛逆期的孩子的内心世界是孤独的，他们想尽快摆脱父母的管束，向往自由的成人世界，在不停地寻找内心世界里对这个社会的定义。孩子正在长大，正在经历成长之痛，这需要爸爸妈妈的爱，更需要爸爸妈妈的智慧与勇气。

　　这里有几个小建议您可以试试，或许会有帮助。

　　第一个词是**"尊重"**。

　　尊重你的孩子已经不仅身高快要超过你，还有知识与见解也超越你了；尊重孩子对你的"反抗"，尊重孩子"不再像以前那么听话了"；尊重孩子尽管努力了还依然没能出类拔萃的平凡；尊重孩子开始有自己的隐私，会关上自己的房门，会收好自己的作文本，会给自己的QQ设置你不知道的密码……此刻的你一定会说："你说得轻松，我什么都尊重他？我什么都不用做，我怎么知道他在干什么坏事？行差踏错就麻烦了。"

　　那么，我送出第二个词就是**"相信"**。

　　这个孩子跟着你一路长大到十一二岁，10多年的养育、陪伴与关爱，你就对孩子这么没信心？其实，我想之前你唠叨、干涉过他无数次了吧？效果可能不太理想？那不如改变一下你处理问题的方式，思考的方式，说话的方式，变成"我相信这件事情你……""我尊重你的想法、做法，妈妈也给你提供另一种建议，供你参考。""学习是场长跑，我相信你努力后，一定能结出不遗憾的果，因为天道酬勤。"在你的尊重与相信下，你或许会发现你家的孩子关房门的次数越来越少，跟你聊天的次数越来越多，因为他慢慢明白"成长不是为了成为一个听话的孩子，成长是为了自己变得越来越好"。从"他成长"到"自成长"，这是一个需要痛过才能明白的道理，也许，我们很多人穷其一生也没能明白，我们活着究竟是为什么？为了谁？我们只是被时代的浪潮卷着向前，被生活这块布裹着前行。因为，在成长的路上，我们真的缺失了太多的"尊重"与"相信"。

第三个词是**"榜样"**。

对，做孩子的榜样，无论现在的你从事着怎样的职业，有着怎样的地位。从事商场售货员，能收获顾客的信任与微笑；从事出租车司机，能收获旅客的友善和五星好评；从事教育行业，能桃李满天下；从事公务员，能全心全意为人民服务，并充满正能量；从事风险最高的家庭主妇，也能是那个左手拿得起锅铲，右手拿得起书笔的宝藏妈妈……然后跟孩子分享时，您的脸上会洋溢着自豪而幸福的笑，因为您足够勤奋、足够真诚，所以平凡而从容。您不会再一边辛苦劳作，一边贬低自己的职业，"妈妈就是不想让你吃我现在吃过的苦，不想你跟我一样没出息，不想你……"知足常乐是一种人生智慧，是一种认真奋斗过后淡定的快乐。抱怨是一种病毒，会让生活里阴雨绵绵，除此之外，别无他用。对，做好您能做到的、做好的，然后从容生活。无论您是贫穷还是富有，在孩子眼里，您都是山一般伟岸的父母。您会是孩子成长的榜样！您不用再担心富不过三代，您也不用忧虑寒门难出贵子。因为，一个一直站成榜样的父母不会养出一个阿斗。

所谓父母子女一场，就是您准备好了的一次又一次体面的放手！因为您永远无法代替另一个人的成长。那就以**尊重为曲，相信为词，榜样伴奏**，谱一首高山流水父母子女交响乐吧！

【结语】

与其临渊羡鱼，不如退而结网。

读懂您六年级的孩子，伴孩子走过心理断乳期

——做青春期孩子的地板父母

□ 深圳市宝安区灵芝小学　贾取

本期我们来了解六年级的娃

带领大家走进六年级的是

灵芝小学的名班主任工作室主持人

贾取老师

一位才思敏捷，春风化雨的小姐姐

2020年是我职业生涯的第六个年头，教龄不算长，经验也浅薄，接触过

的学生、家长更不算多。所幸，在有限的职业经验里连续带过两届毕业生，于是就有了横向、纵向的对比与追踪研究。

六年级的孩子已然站在了青春期的路口，身高、体重急剧增长，心、肺、脑和神经系统以及第二性征等各个方面也都在迅速发育，生理上的成熟使青少年在心理上产生成人感，他们希望获得成人的某些权利，找到新的行为标准并渴望变化社会角色。具体来看，青春期的孩子在心理上存在着成人感与幼稚性的矛盾。

青春期少年的心理活动往往处于矛盾状态，其心理水平呈现半成熟性、半幼稚性。其成熟性主要表现为他们产生了对成熟的强烈追求和感受。在这种感受的作用下，他们在对人对事的态度，情绪情感的表达方式以及行为的内容和方向等方面都发生了明显变化，同时也渴望社会、学校和家长能给予他们成人式的信任和尊重。其幼稚性主要表现在由于辩证思维刚开始萌芽，思想上仍带有很大的片面性，还缺乏成人那种深刻而稳定的情绪体验，缺乏承受压力、克服困难的意志力，社会经验也十分欠缺。

反抗与依赖、闭锁与开放、勇敢与怯懦、高傲与自卑……这一系列的矛盾交织，构成了青春期个体的主旋律。这样的特征既是挑战，又是福利，它不仅是疾风骤雨的爆发期，而且是一个应该好好培养和发掘的人生阶段。我们的世界观、人生观，我们选择如何与这个世界互动，我们最重要的认识和理解世界的思维方式、认知模式等，都在青春期塑成。作为老师、父母或是其他重要他人，我们都应学会以建设性的方式来激发孩子青春期的特征里有利的一面，引导孩子在矛盾中正向成长。

有人把父母分为两种类型：天花板父母和地板父母。前者常常会说"我都是为你好，你听我的，不会错的"。当孩子稍有出现偏离轨道的苗头，他们会马上制止，或动之以情、晓之以理，或引经据典、旁征博引，或以过来人的经验"我吃过的盐比你吃过的米还多，我走过的桥比你走过的路还多"，来说服孩子听自己的。这样的父母，于孩子而言，就像头顶上的天花板，永远无法突破，无法超越。

而与之相对的是另一种父母——地板父母，他们的文化程度、社会地位也许不是很高，对孩子的期望也很模糊，他们也很少拿"正确标准"、是非曲直来判断孩子的言行举止。与"正确"相比，他们更愿意享受亲情带来的愉悦和快乐。当孩子遇到挫折、失意、被误解的时候，他们不是责备孩子，而是用简单的、温暖的爱去包容、去支持。

对于青春期的孩子，我们如果选择做天花板父母，那就是以爱之名剥夺孩子体验人生的权利。按照桑代克的试误说，学习与成长本就是一个不断尝试，不断出错，再不断修正的过程。"纸上得来终觉浅，绝知此事要躬行"，对青春期的孩子，我们不妨做地板父母，给予孩子犯错的机会，当孩子灰头土脸挫败而归时，对他道一声"回家吧，孩子，还有爱你的爸爸妈妈"。沐浴着无条件的爱与积极关注长大的孩子，是能够正向成长的，作为父母，您也要有这份自信和底气。

【结语】

教育是一个启智、明理、导行的过程，青春期的孩子更需要家长关爱，地板父母能给孩子丰厚充盈的内心力量，让孩子行走得更笃定。

参考文献

［1］林崇德. 从儿童心理学到发展心理学［J］. 北京师范大学学报（社会科学版），1994（1）：1-7.

［2］王秋英. 家庭养育方式与中学生心理健康水平的相关研究［J］. 中国心理卫生杂志，1998（5）：276-277.

第二章

低年段

　　父母要有好的心态。因为父母的心态决定孩子的未来。任何事情背后其实都有积极因素。即使你的孩子犯了错误，背后也有积极因素，要善于抓住积极因素，不要只抓消极因素。

孩子上学不愿起床怎么办?

□ 深圳市宝安区灵芝小学　李巧云

【案例】

立夏至，爱重逢。2020年，经过漫长的"空中课堂"，学生终于可以重返校园。在这欢喜之际，却愁了一小部分老师和家长：有些孩子因长时间的混乱作息，到上学时，早上起不来，总是迟到。遇到上学不愿起床的孩子怎么办呢?

【支着儿】

人们常说："真正美好的关系是相互支持的。"那在学校里，最美好的关系应该是学生、老师、家长三方互相支持的三角关系：以孩子为中心，家长支持老师，老师支持孩子。所以，孩子的任何一个改变，都离不开家长、老师、学生三方的共同努力。

1. 从学生角度出发

德国哲学家、精神病学家雅思贝尔斯在《什么是教育》一书中说过，"只有导向性教育的自我强迫，才会对教育产生效用"。我们要把教育变成孩子主动的变化。所以，我们要在家长和老师合力的情况下，给孩子树立正确的价值观，让他们从心里想要改变睡懒觉或赖床的行为。

其实，我小时候也是那个让老师头疼的整天迟到的学生，每一次总有各种不同的状况导致迟到。记得有一次中午，我又不小心睡过头了，急急忙忙让妈妈放下手边的工作，骑自行车送我去学校，尽管妈妈使出浑身力气蹬自行车，可最后我还是踩着上课的铃声跑进学校大门。正当我胆战心惊地来到教室门口，看见老师和全班同学正眉开眼笑地逗着还在睡梦中的同学，我的出现，让老师收起笑容并向我走来。老师说了什么我忘记了，但是老师那从舒心的表情到严肃的表情变化，同学们或担心或好奇的眼光，让我记忆犹新。从那时起，我心里暗暗下定决心，绝对不再迟到，更不能因为自己的失误，让老师生气。也就从那时起，我再也没有迟到。

每个孩子都渴望被肯定，渴望变优秀。他们就像一棵在土里期待长大的幼苗，而家长和老师则是匡正他们成长的园丁，一边精心栽培，一边灌输合适的、正确的价值观，在我们不断地扶持下，等待某一天，当他内心想要改变的时候，他总会悄悄地努力，慢慢地绽放属于自己的花朵。

2. 从家长角度出发

为了改正孩子迟到的现象，首先，家长要与孩子一同制定科学的作息时间表，严格执行并形成习惯，清晨生物钟会成为叫醒器，对于低年级的孩子，家长还可以用打卡、积小红花的方式，量化考核孩子的表现，进步了则有奖励。

不同年龄段的睡眠时间表如下。

年龄	推荐睡眠时间	不推荐睡眠时间
新生儿 （0~3个月）	14~17小时	不足11小时 超过19小时
婴儿 （4~11个月）	12~15小时	不足10小时 超过18小时
幼童 （1~2岁）	11~14小时	不足9小时 超过16小时
学龄前儿童 （3~5岁）	10~13小时	不足8小时 超过14小时
学龄儿童 （6~13岁）	9~11小时	不足7小时 超过12小时

年龄	推荐睡眠时间	不推荐睡眠时间
青少年 （14～17岁）	8～10小时	不足7小时 超过11小时
青年人 （18～25岁）	7～9小时	不足6小时 超过11小时
成年人 （26～64岁）	7～9小时	不足6小时 超过10小时
老年人 （65岁）	7～8小时	不足5小时 超过9小时

其次，在唤醒孩子时，家长可以选择温柔的叫醒方法，如清晨拉开窗帘，让光线透进来，孩子的视觉系统会被唤醒；打开音频，播放优美的韵律，孩子的听觉系统会被唤醒；餐桌上飘出浓浓的饭菜香味，孩子想不清醒都难……

如果孩子还是赖床，我们不妨试试这样做。

在唤醒孩子后，告知孩子："我们7：30准时出发，你是愿意在家将衣服穿好，还是将衣服带上，到学校门口去穿？"孩子选择了前者，二话没说麻利地穿好衣服下床了。

美国教育学博士、心理学家尼尔森在《正面管教》一书中提到，"预先告知"就是预先让孩子知道，如果他选择了某种行为将会有什么结果出现，那么他自然会做出明智的选择。

还有一点需要强调的是：起床是孩子自己的事情，作为家长，不能什么都帮孩子做好，如早上叫起睡眼惺忪的孩子时，还帮他穿好衣服等，中午自己不睡，只为了及时叫孩子起床……这种"包办主义"，只会让孩子养成依赖行为，不能真正改掉这个坏毛病。

3. 从老师的角度出发

我们常说，家校合作是孩子成长最快的捷径。除了家长的科学唤醒之外，老师也要在班里制定相应的班规，若孩子屡次迟到，可以根据制定的班规进行小惩戒。但更重要的是，寻找恰当的时机，如按时到校时应及时肯定。

所有的鼓励和肯定，都会让孩子得到正向激励，也让他懂得守时的道理，从而使他自律，可以自主管好自己。

曾看到这样一句话：当孩子感觉好的时候，他更容易做得更好。深以为然，觉得契机正向鼓励，可以达到事半功倍的效果。

【结语】

内驱力是孩子天生的学习动力，我们应该温柔而坚定地保护孩子的内驱力，而家、学校、老师是孩子成长最稳定的环境。

孩子上学，时常忘记学习用品怎么办？

□ 深圳市宝安中学（集团）实验学校　李贺昕

【案例】

我们班上有个小马虎S。为什么说他是小马虎呢？他总是忘记带学习用品。语文课的作业本、数学课要用的小棒、社团课要用的超轻黏土，他都忘记过。面对老师的批评，他也只是摸摸后脑勺，小声嘟囔道："老师，对不起……我给爸爸妈妈打电话。"等爸爸或妈妈或者委托其他人把学习用品送来学校时，课程已经过半。

【支着儿】

有些家长会说："老师，我们家的娃太丢三落四了。我可没时间送了，就叫他明天再做吧。这次给他个教训！"但孩子满怀失落地回到家中，您是不是也会受到负面情绪的影响呢？当家里的学龄儿童出现忘记学习用品的情况，首先我们应该支持孩子，根据当时情况尽可能帮助孩子把学习用品送到学校或者向老师进行解释说明。这样，孩子知道我们是爱他的，也是愿意为他付出的，适于后期沟通。

1. 明确责任，培养责任感

先来询问孩子今天爸爸或妈妈为何到校。"亲爱的宝贝，每个人都有自己的工作。爸爸妈妈负责上班赚钱养家，你负责上学学习知识。那如果爸爸妈妈上班忘记带办公电脑，是不是就不能完成工作了。你也是一样，没有工具怎么能把事情做好呢？你看你的作业做得那么好，老师看不到多可惜呀！××老师最喜欢你了，肯定期待你的精彩表现呢！"说教的篇幅不要过长，孩子这时已经觉得不好意思了，鼓励性结尾就可以了。

2. 做孩子的榜样

如果我们还是使用监管的那一套，孩子还是会忘记。所以我们要做的不是代替，而是表率。"我要去做什么了，在这之前我会准备好××、××和××。"你期许孩子成为什么样子，你就应该先成为什么样子。你自律，孩子也耳濡目染学会自律。你拖沓，孩子也磨磨蹭蹭。所以，我们可以选择性地和孩子进行积极交流，传递正能量，让孩子了解他所在的社会和你的工作以及你是如何有计划且出色地完成各项任务。哪个孩子不希望自己的爸爸妈妈为自己骄傲呢。

3. 主动提醒和表扬鼓励

说教不能停留在耳边，而要付诸实践，比如"你上学的东西都准备好了吗？我们一起从梳理课程表、作业本开始吧"等类似的语言指点和一点点帮忙。当你发现孩子主动完成书包的整理、物品的归位等，一定要提出表扬。正面的鼓励会让孩子的好习惯得以养成。"你真是太棒了，××课你一定会表现出色，××老师期待你的大作，妈妈真为你骄傲！"也许孩子会为这些话感到羞涩，但是你一定能看到他会自己收好书包、听到老师表扬他的话语。

成长的路上反复时有发生，但请你相信这不是退步，而是螺旋式的成长！

【结语】

在家庭教育时一定要记住，情感教育永远大于道理教育。

孩子上学，时常忘带学习用品怎么办？

□ 深圳市宝安区灵芝小学　王小玲

【案例】

校门口又有家长跟保安在争吵，家长要送孩子忘带的课本，保安叔叔按照学校的要求，为保证学生安全没让家长进来，家长担心孩子上课没有课本影响孩子学习，于是争执起来。

【支着儿】

每天因为忘记带学习用品，让家长来回奔波的孩子还真不少，尤其以小学低年级的孩子更为多见。这一习惯，如果家长不注意，孩子丢三落四的毛病估计会一直持续。那么，这个问题要怎么解决呢？建议从细节做起，培养孩子良好的学习习惯。您不妨试着这样做：

第一，爸爸妈妈和孩子一起阅读课程表，记下明天要上的课程，如第一节是语文，语文书、与语文相关的作业本准备好，第二节是数学，就把数学书、与数学相关的作业本及文具准备好。以此类推，带领孩子整理好明天一天课程的课本和用具。有父母的完整示范，孩子能够习得整理物品的方法并形成印象，为接下来习惯的形成打下良好的基础。

第二，带领孩子重复整理3天后（能力强的孩子可能不需要重复3天），可以适当放手站在旁边看孩子自己整理，或者孩子整理好后协助检查。这个过程一定要注意鼓励表扬，树立孩子自信。

第三，放手交给孩子自己对着课程表整理，同时制作一张表格，每天记录孩子自己整理书包的情况。至少坚持20天的检查和跟进。可根据表现，如10天一次不落，可以奖励买书、外出游戏等活动。同时跟孩子明确，自己的事情自己做，不给爸爸妈妈、老师、同学添麻烦的道理。

做完这三步，家长可以试着彻底放手，如果孩子还有忘带的，不必大惊小怪，也不建议给孩子送去学校，但是需要及时批评，甚至适度惩罚都可以，表达爸爸妈妈的要求及期望，让孩子再次明白，自己的事情自己做。

没有规矩，不成方圆。只有严格要求孩子这些细节，才能使之成为自然之事，才能使他们在以后的学习生活中过得更快乐、更健康。

【结语】

从细节里培养好的习惯，需要我们的耐心坚持和严格要求，只有我们做到，才有孩子的习惯养成。

孩子对数学学习有障碍怎么办？

□ 深圳市宝安区灵芝小学　郑梦曦

【案例】

每所学校里，都可能存在这样的学生，一上数学课就发呆，一做数学作业就懵圈，一提起数学考试就害怕……以上的行为表现，算不算数学学习障碍？如果孩子对数学学习有障碍，我们应该怎么办？

【支着儿】

数学学习障碍（Mathematics Learning Disability，MLD）是指由于数学的缺损而导致学生在数学学习上明显落后于同年龄或同年级学生的水平，它是学习障碍的一种亚类型。有研究表明，数学学习障碍的主要症状是计算错误、运算法则混乱、阅读和书写困难等，主要原因是注意力缺乏、学习动机不明、神经系统缺陷等。

综上所述，如果一个孩子上数学课经常注意力不集中，无法独立解决数学问题，害怕数学检测，那么他很大可能有数学学习障碍。

作为家长或者老师，要如何帮助这些孩子？我认为需要做到以下四个方面。

1. 杜绝消极的心理暗示

当您发现孩子对数学学习存在某种程度的障碍时，您可能会为此感到沮丧和迷茫，并想："为什么偏偏是我的孩子有学习障碍？我要怎样做才能帮到孩子？"

面对困难，哪怕有再大的消极情绪，都请您先冷静，保持理智，用积极向上的心态，接纳情绪，接受事实，拥抱您的孩子，笑着说："我的宝贝永远是最特别、最优秀的。"

正如电影《阿甘正传》，阿甘的妈妈经常对他说："你和别人没有任何的不同。"夸他跑起来像风一样，让他相信自己终有一天会创造奇迹。最后的最后，他真的做到了！

相反，如果您直接告诉孩子："妈妈数学不好，所以你的数学也不好。"孩子会否定自己。杜绝消极的心理暗示，才是您帮助孩子摆脱数学学习障碍的先决条件，是营造良好学习氛围、和谐家庭关系的秘诀。

2. 制造表扬孩子的机会

网络上流传着一句话："不写作业母慈子孝，一写作业鸡飞狗跳。"许多家长纷纷表示赞同，尤其家长在辅导有一定学习障碍的孩子，同样的问题反反复复地讲解，结果孩子依然听不懂，家长就会焦虑到怀疑人生了。

这时，请先把您的焦虑放一放，仔细想一想：孩子也有焦虑，甚至焦虑到想逃避，逃避到想自暴自弃。其实，数学成绩差的孩子更需要鼓励，比成绩好的孩子更渴望得到表扬。

所以，您要制造表扬孩子的机会，学会适当地向孩子示弱，找机会让孩子教自己数学知识。我举一个自己的例子。"角的度量"是一节比较难上的课，我没有准备得很充分，但教学进度安排必须要上了。于是，我决定请"小老师"试一试，我把问题抛给"小老师"，"小老师"们一个比一个讲得起劲，不但把我提出的问题内化，还能解释给同学们听，而且面对同学们的提问，也能"各个击破"。整个过程中，我在一旁为他们点评亮点、鼓掌喝彩，孩子们听得投入，听得聚精会神，边听边思考。课后，一个数学成绩较差的孩子对我说："郑老师，我很喜欢这节课，因为全听懂了。"

3. 制定数学学习小目标

《道德经》里讲道："天下难事，必作于易；天下大事，必作于细。"

对于有数学学习障碍的孩子来讲，"学好数学"是遥不可及的目标，是"大事"和"难事"，不过一个数学学业优秀的孩子具备的"仔细读题""用竖式计算""举一反三"是"细事"和"易事"。请您鼓励孩子，一步一个脚印，脚踏实地，把数学学习小目标实现了，那么学好数学自然水到渠成。

4.推开数学世界的新大门

"数学好玩"是我要推荐给大家的"新大门"。小学阶段，大部分的数学知识都比较直观形象，可以通过生动的故事和绘本、趣味的游戏和可操作的学具，学习数学知识。根据孩子喜欢的方式来学习数学知识，孩子早晚有一天会不知不觉地爱上数学。

我给孩子们推荐过"24点"扑克牌游戏、《故事堆里长出数学》系列丛书、"数学华容道"学具等，孩子们学得可开心了！

数学世界隐藏着太多的未知，做一个有心人，花一点时间和心思，陪孩子好好玩一玩数学吧！

【结语】

陪伴孩子时多花点小心思，没有什么障碍越不过。

孩子放学回家应该做什么？

□ 深圳市宝安区灵芝小学　连可爽

【案例】

放学时，一位二年级的妈妈忧心忡忡地向我求教：老师，孩子回家又没什么作业，三下两下就完成了。剩下的时间，除了疯玩还是疯玩。我叫他看书练字，他给我来一句，"老师没有布置，我不做"。唉，看他就知道玩，到高年级真怕他跟不上。

【支着儿】

对于低年段的学生来说，除了上学时间，剩余的时光基本就是在家的亲子时光。孩子放学回家做什么，会对孩子的学习质量产生不可忽略的影响，更潜移默化地影响亲子关系。下面为大家支支着儿：孩子放学回家，可以做什么，应该做什么。

1. 家是孩子停泊的港湾

在学校学习了一天，孩子回到家不免身心疲惫，适当的放松和休闲是必要的。不少爸爸妈妈看到孩子放学，便急着催促孩子写作业，完成各项任务。但是我们更应该体谅孩子的年龄特点和身心发展，提前准备一些小点心，让孩子回到家可以稍做休整，放松心情，然后再投入学习中。在这10~15分钟的休整过程中，家长还可以跟孩子简单聊聊在学校发生的事情，了解孩子的情况。

2. 陪伴是最长情的告白

对于低年段的学生来说，完成作业可能更需要家长的陪伴，孩子在学习面前还有点懵懂无知，此时家长的陪伴显得更加关键。及时的提醒和帮助，会让孩子对知识掌握得更全面，这个阶段更是孩子良好学习习惯形成的黄金时期。

当然，对于中高年段的学生来说，家长在学习上应该逐渐放手，让孩子自己去摸索探究，找到适合自己的学习方式，毕竟学习最终还是应该由孩子自己去规划。但这并不意味着家长可以不管不顾，小学生毕竟年龄小，自觉性不高，家长适时地提醒和纠正不良习惯显得异常重要。当孩子学习的时候，家长若能陪伴左右，也保持学习，将令孩子终身受益。

都说陪伴是最长情的告白，舍得花时间、花精力陪伴孩子，岁月才会回馈你一个优秀自觉的孩子。

3. 阅读带来最美亲子时光

不管何时何地、多大年纪，人都应该保持对知识的渴求和更新，而最好的方式就是阅读。家长工作、孩子学习了一天，晚上剩余的休闲时间便是最好的阅读时光。挑三两本杂志、绘本、书籍，与孩子一同阅读，一起探讨，知识的火花迸发的时候，也不失为温馨的亲子时刻。

除了以上建议外，运动、做家务、散步、聊天……也是可以作为家长在孩子放学回家后进行亲子互动的项目。愿大家都能充分珍惜、利用好孩子在家的时光，不负岁月，不负成长。

【结语】

影响孩子学习成绩的主要因素不是学校，而是家庭。

孩子背不下古诗怎么办？

□ 深圳市宝安区灵芝小学　钟　颖

【案例】

晚上家长辅导孩子做作业，今天语文老师布置的作业是背诵课文内的几首古诗。班里的其他小朋友早早就在多媒体软件上提交了背诵的成果。但自己的孩子却迟迟背不下来。有时背好了题目，接不上作者和朝代；背好了一二句，接不上三四句。好不容易断断续续背下来了，再回头背，又得重新梳理一遍。同样是课堂上的内容，为什么自己孩子掌握起来这么吃力？是记忆能力有差异吗？

【支着儿】

不同的孩子在成长过程中的大脑记忆能力确实会有所差异，但如果跟同年龄段的孩子相比，这个差异是非常小的。通常都可以通过反复练习、增强记忆来弥补。而孩子在小学低段的学习中出现背不下古诗、不喜欢背古诗等情况，大部分是由于兴趣不足或是语言环境的薄弱造成的。

俗话说，兴趣是最好的老师。当孩子们刚进入小学低段的语文学习中时，他们或许没有掌握写一手好字的技巧，或许没有掌握朗诵一篇好文章的能力，但不少孩子却已经能够熟练地背诵很多经典篇目。这些孩子不一定全都拥有过人的记忆能力，但可以肯定的是，父母一定为他们营造了非常良好的语言学习环境。在正式进入小学的学习前，家庭营造的语言学习环境是非常重要的。而古诗正是我们美丽的汉语言凝结而成、流传千年的经典艺术，正是孩子们通向学习语言文字的一座桥梁。如果这座桥梁搭好了，孩子一定会爱上语言文字的学习，一定会爱上我们的汉字，更会爱上以后他将要上的每一节语文课。

那么，如何在家里为孩子营造良好的语言学习环境呢？不需要刻意地去安排硬性任务，如要求孩子每周要背多少首古诗才算过关，这样会适得其反，让孩子觉得背诵是一种沉重的负担。采用多种形式来提高孩子学习古诗和语言的兴趣，让孩子于潜移默化中完成语言文字在脑海中的转换，才是成功地营造了良好的语言学习环境。

首先，准备一些以音乐形式来呈现经典古诗的音频，在家里循环播放。孩子在小学低段的学习中，对音乐的感触远远比对文字的感触要大。音乐的传诵往往会在孩子不自觉时进入他们的记忆，而文字却很难做到。在平时的活动时间循环播放这些经典音频，听着听着，孩子很快就会自己跟着音乐背诵下来。特别推荐由中央电视台制作播放的《经典咏流传》这个电视节目中的音乐音频，用唱的方式呈现出了中华上下五千年的经典佳作。播放的时间不需要每天定时，不要硬性规定一天中的哪个时间段要听古诗。在孩子空闲的时候、放松休息的时候，甚至在上学坐车的路上都可以播放。

其次，当孩子有了一定的朗读和背诵能力后，可以适当给孩子拓展一些古诗的主体性专项篇目。语文课本中的古诗编排是散落的，不能等学到课本的古诗内容时才去捡起古诗的背诵，而是应该在整个小学阶段都串联着对经典古诗的背诵和赏析。当孩子接触了有主题性的古诗篇目时，往往会有更大的兴趣。例如，这个月背诵关于"春天"的古诗，下个月背诵关于"桃花"的古诗，等等。主题模块化的整理也更易于孩子在浩瀚的古诗文海中摸清方向。市面上也有不少关于古诗模块化的书目，如《日有所诵》等。当孩子在学校里背出了别的同学不会的古诗时，他的自信和对古诗的认同感便会油然而生。这种良性循环将会伴随接下来的语文学习。

最后，是家长对孩子适时的鼓励。没有一蹴而就的收获，当孩子完成了一首经典古诗的背诵时，家长一定要多多鼓励孩子，肯定他的成果，激励他接下来继续加油，或者放低姿态，用另一种方式去引导孩子：你真棒啊！那你能不能告诉爸爸妈妈，这首古诗在说什么呢？也许孩子说的古诗含义不一定正确，但他却已经实实在在地进行了自己的一番解读，也非常值得鼓励。

【结语】

古诗词是中华民族的瑰宝，是汉语言文字的精华凝结。希望每个孩子都能通过古诗词寻找到对汉语言文字的认同，接下来在语言文字的学习道路上继续探索。

孩子写字不好怎么办?

□ 深圳市宝安区灵芝小学　蒋佩君

【案例】

作为一名小学老师尤其是文科老师应该会经常遇到一个令人头疼的问题：这个学生写字这么差怎么办？众所周知，不管是汉字还是英文，都需要培养良好的书写习惯，所以指导学生写好字成为小学阶段的重要任务之一。

为什么要写好字?

【分析】

俗话说"字如其人"，从一个人写的字看出一个人的态度，看出一个人的风采。写字对于人来说是一项基本技能，也是很重要的技能。虽然现代科技越来越发达，电脑打字代替了人的书写，但是写字是学生必须具备的基本功，所以我们不能忽视写字，也一定要写好字。

怎样才能写好字?

【支着儿】

1. 保持心平气和的态度最重要

在平时的教学中我们不难发现，性格急躁的孩子做事粗心，只求速度，所以写出来的字潦草。相反，认真、细心的孩子写出来的作业工整漂亮，赏心悦目。所以在每次写字前，整理好情绪，不要在暴躁的情况下写字，因为这时写字会成为一种压力和负担。让学生快乐写字，积极热情的态度才会让学生写好字。

2. 写字的要求

写字的前提是要有规范的坐姿和抓笔姿势，那么，怎样才算规范呢？

（1）眼离一尺：看书、写字，两眼与书本保持一尺的距离。

（2）笔离一寸：握笔的手指要离笔头一寸，不用太短的笔头（铅笔）。

（3）胸离一拳：看书、写字人都要坐正，胸部与书桌保持一拳的距离。

每次在写字前先检查自己是否做到以上要求，正确的坐姿和握笔姿势不仅可以起到保护眼睛的作用，而且对学生的身体健康也起到保护作用。所以家长和老师都不可忽视，在课堂上和家里都要提醒孩子保持正确的书写姿势。

3. 模仿和实践

小学阶段的学生喜欢模仿，所以在学校，书法老师要起到正面引导的作用，教给学生正确的握笔姿势和书写笔画。在书店，也有各种版本的英文字帖和中文字帖，每个孩子都可以找到自己喜欢的字体。首先学会描红仿写，找到适合自己的字体。在描红时不要着急，沿着字帖的字一笔一画写，在仿写一段时间后可以尝试自己实践。"量变引起质变"，练习一段时间后肯定会有进步。

4. 每天保证练字时间

《义务教育语文课程标准（2011年版）》中指出：识字写字是阅读和写作的基础，是一至二年级的教学重点。在学校，每周都会有练字时间，学生在老师的带领下规范姿势，认真练字。那么在家里，学生也可以合理安排练字时间，一般20~30分钟即可，讲求质量而不是追求数量。

郭沫若先生说："培养中小学生写好字不一定要人人都成为书法家，总要把字写得合乎规格，比较端正、干净、容易认。这样养成习惯有好处，能够使人细心，容易集中意志，善于体贴人。草草了事、粗枝大叶、独行专断，是容易误事的。练习写字可以逐渐免除这些毛病。但要成为书法家，那是另有一套专门的练习步骤的，不必作为对于中小学生的普遍要求。"一个习惯的养成不在一朝一夕，一个习惯的改变也要长时间的磨合。让学生重视写字，写好字，任重而道远，也是一项持之以恒的工程，家校合作定能让这项工程锦上添花。

【结语】

用笔在心，心正则笔正。学会写字，学会写好字。

孩子放学回家总看电视怎么办？

□ 深圳市宝安区灵芝小学　赖美芳

【案例】

随着电视的普及，现代家庭存在一个不可忽视的问题，就是孩子放学回家总爱看电视，既不选择，又无节制，影响了学习，让家长深感头疼。

我们先来看一个案例：小宇是个好动淘气的孩子，除了睡觉，没有几分钟安静的时候。爸爸妈妈都是上班族，工作忙，下班回家还要做饭，没有多少时间陪小宇玩。从幼儿园接回小宇后，为了不让小宇缠着自己，就让小宇看电视。妈妈发现小宇在看电视时会很安静，以后，小宇每天从幼儿园回来，自己就去看电视，慢慢地成了一种习惯。小宇上学后，一年级的作业不多，看电视影响学习的问题不明显，家长也没有注意。二年级的时候，小宇回家第一件事依然是看电视，甚至有时边吃饭边看，而写作业却动作慢，也比较磨蹭，做完作业有时要到晚上9、10点钟，第二天早晨叫他起床便成了一件麻烦事。妈妈开始着急了，意识到看电视给孩子带来的严重影响，试图控制小宇看电视，可如果不让他看，小宇就发脾气，不吃饭、不睡觉。妈妈天天督促，批评，甚至训斥，都没有任何效果。

【支着儿】

从上面的案例看出：小宇看电视这种习惯的养成，家长有不可推卸的责任，甚至可以说是慢慢"培养"出来的。孩子年龄小的时候，尤其是上学之前，自主性较差，会比较淘气、黏人、任性，很难自己安静地待会儿。有些家长为了摆脱孩子的纠缠，往往选择让孩子看电视。这样做确实得到了较长时间的安宁，但结果是逐渐养成了孩子看电视的习惯。

我们都知道这句话："行为决定习惯，习惯决定性格，性格决定命运。"可见，行为习惯的培养会影响孩子的终身，那么，家长该如何纠正孩子总看电视这种不良习惯呢？建议可以尝试用以下方法。

1. 控制看电视的时间

首先，不要让孩子感觉到你的目的是彻底不让他看电视，这样，孩子会很抵触。家长可以先启发孩子，让他从心里认可，自己长时间看电视是不好的，再和孩子一起讨论出一个可行的看电视方案。比如说可看哪些节目，还包括看的时间和次数，什么节目看到几点。定好规则是很有必要的，只有给孩子定好规则，才不会让他为所欲为。有了约定，执行是关键。当孩子按照计划看完电视，还不愿意关上电视时，家长需要马上采取行动，要求孩子自己关掉。

2. 转移注意力

这是一个行之有效的方法。家长要留心观察孩子，除了看电视，还有什么其他的兴趣爱好，如画画、唱歌、阅读等，用孩子喜欢的事情去代替电视，转移孩子的注意力。亲子阅读是很好的方式，在充分享受温馨的亲子时光的同时，不仅增进了父母与孩子之间的情感交流，孩子还从书本中学到了很多知识。这对提高孩子的注意力，培养独立思考的能力都有很大的帮助。让孩子慢慢养成阅读习惯，就把看电视的不良习惯给改掉了。

3. 多带孩子到户外活动

其实，很多小孩有电视瘾都是由于长时间待在家里造成的。家长不妨抽出时间多带孩子参加户外活动，如到公园散步、骑自行车、放风筝，去感受大自然的美好，这样可以让孩子逐渐摆脱对电视的依赖。

习惯的养成不是一两天，同时，纠正孩子的不良习惯也不是一朝一夕的事。孩子容易三分钟热度或者说话不算数，当孩子又沉迷于看电视时，家长要适时地提醒孩子。身为孩子的第一任老师，家长需要有更多的耐心。父母正确的教育方式应该是：沟通时态度温和，坚持原则。当孩子主动放弃看电视或少看电视时，要表扬孩子的点滴进步，让孩子相信自己就是好孩子，有能力做得更好。

【结语】

对孩子的点滴进步给予肯定，多方面培养孩子的兴趣爱好，帮助孩子养成良好的习惯。

孩子总爱问为什么怎么办?

□ 深圳市宝安区特殊学校　林晓艳

【案例】

明明妈妈："我女儿今年6岁了，整天缠着我问为什么。很多问题我们也不知道怎么回答，只好敷衍。看着孩子一天天长大，做父母的都是满心欢喜。可是孩子慢慢长大了，提的问题也越来越多，整天没完没了的'为什么'，问得家长头都大了，到底该怎么办?"

【支着儿】

首先要恭喜您有一个活泼开朗、爱表达、爱观察、爱思考的孩子，因为只有拥有这些品质的孩子才会有一连串的"为什么"。下面有几个小建议，试试看，或许您的孩子就是未来的牛顿。

1. 多加鼓励，积极引导

当孩子提出问题的时候，父母首先要表扬孩子肯动脑筋，呵护孩子的好奇心和探索欲。孩子善疑、好问，喜欢刨根究底，且乐此不疲，大人常常会被孩子问得哑口无言。此时，有的家长要么斥责孩子"你烦不烦哪，老是问这些奇怪的问题"；要么干脆置之不理，另言他事。殊不知，孩子可能会因此不再寻找问题和解决问题，也可能不再主动去关心周围的人和事。

2. 设计提问的阶梯，帮助孩子进行理解与表达

由于孩子的知识经验有限，很多时候提出的问题是笼统的、粗浅的，成人可以对所提问题进行分解，形成问题的阶梯，便于孩子理解和表达。例如，观察一个物体活动中，第一步，可以先请孩子仔细观察面前的物体；第二步，请孩子思考自己以前是否见过类似的物体，那个物体是怎样的；第三步，请孩子将当前的物体与头脑中类似的物体进行比较，找一找二者的相同和不同之处；第四步，请孩子思考二者出现不同或相同之处的原因是什么；第五步，请孩子用语言将头脑中的问题表达出来。

3. 态度真诚，与孩子一起寻求答案

面对孩子的好奇，家长应该保持冷静，并积极向孩子做出合理的解释。如果孩子的问题是我们无法解答的，千万不能不懂装懂，糊弄孩子，更不能以为孩子小而进行错误的解释。明智的做法是直接告诉孩子"这个问题我一时也回答不上来"，然后鼓励孩子动脑筋、想办法，尽可能地观察和验证。比如，带领孩子通过自己的感官去探寻事物的奥秘，或者提醒孩子在书本里或网络上寻求答案。这样，既有效地解决了问题，又保护了孩子的好奇心和求知欲。

总之，面对生活中孩子提出的各种突如其来的问题，家长首先应尊重、鼓励孩子，保持积极的回应态度，站在孩子的角度，认真体察孩子的言行，领会他的真实意思。然后采取适合孩子身心特点的方式，直观地、体验式地对孩子的疑问进行引导和支持。这样，孩子才能在有效的互动中，获得提问的成就感和喜悦感。

【结语】

对孩子来说，生活就是一所学校，一草一木都可以成为研究探索的对象。

孩子不愿与人打招呼怎么办?

□ 深圳市宝安区灵芝小学　饶书林

【案例】

爸爸妈妈们经常会遇到这样的问题：有时候孩子在路上会遇到相识的叔叔或阿姨，家长会让孩子跟熟人打招呼。这时候有些孩子可能比较害羞，家长觉得孩子胆子小，连招呼都不敢打，感觉自己丢了面子，有些甚至还会当面批评指责孩子不懂礼貌。

【分析】

孩子为什么不愿意打招呼呢?

孩子不愿意跟人打招呼的原因各不相同，不同的孩子在不同的场合有着不一样的心理和行为。我们首先要尊重孩子，与孩子进行沟通，了解他们为什么不愿意与人打招呼。

1. 孩子不愿意打招呼可能是天生气质影响

人有两种不同的气质类型，外倾性和内倾性。外倾性会把情绪指向外部，性格比较外向，而内倾性更擅长经营内在情感。天生偏向内倾的孩子喜欢独自思考，喜欢比较安静的环境，属于慢热型，比较敏感，不太善于表露自己的情感。这类孩子在接触陌生人的时候是需要时间慢慢了解适应的，在没有适应的时候是很难跟人打招呼的。

2. 孩子不愿意跟人打招呼跟家庭的教育环境也有关系

父母的言行举止会影响到孩子，如果父母本身也不太善于与人打招呼沟通，孩子就有可能没有学习到如何跟人打招呼，不知道该称呼对方什么，不知道该如何开口。同时，如果孩子没有按父母的要求及时跟人打招呼，父母就会抱怨或批评孩子不愿意跟人打招呼。久而久之，孩子每次遇到这样的场景就会比较害怕，更加不敢与人打招呼了。

【支着儿】

1. 不要批评责备孩子

不要因为孩子不爱与人打招呼就批评责备孩子。这样会让孩子对打招呼这件事情产生消极的情绪，更容易生出逆反心理，不愿再打招呼。也不要给孩子贴上胆小、不懂礼貌等标签。回到家后多与孩子进行沟通，了解孩子不愿与人打招呼背后的原因。

2. 不要逼迫孩子，要尊重孩子自身的感受

不要总是催促孩子与人打招呼，孩子与陌生人交流时会没有安全感，逼迫孩子与人打招呼会让孩子产生社交恐惧症，会越来越自卑内向。被逼与人打招呼，会让孩子产生阴影，不利于孩子未来社会交往能力的发展。

3. 父母要多与孩子进行沟通

跟孩子讲一些简单的相关绘本小故事，通过可爱的卡通形象让孩子了解到与人打招呼是礼貌的行为，学会如何与人打招呼。父母还可以和孩子玩模拟与人打招呼的游戏，告诉孩子在不同的场合，面对不同的人应该如何与人打招呼，在这种欢乐的场景中学习如何与人沟通交往。

4. 父母要做好示范作用，注重言传身教

孩子的模仿能力是比较强的，容易受到家长的影响。父母要注意在日常生活中礼貌热情待人，做好如何与人打招呼的示范。孩子看多了，自然会模仿家长的行为，学习与人交往的能力，自然而然地开始与人打招呼。

5. 父母要帮孩子创设一些社交环境

父母还要多带孩子出去玩，多出去走走，创设一些社交环境，让孩子和一些同龄的孩子多接触。孩子在玩耍的过程中很容易相互认识。这样，孩子

的胆子会慢慢变大，逐渐习惯与人打招呼。

【结语】

与人打招呼是一件小事情，孩子需要慢慢去体验，家长不需要太过焦虑，要顺其自然地应对和引导。

孩子一项特长都没有，家长怎么办？

□ 深圳市宝安区灵芝小学　叶小美

【案例】

老师，我该给孩子报什么兴趣班呢？他一项特长都没有，长大了靠什么在社会立足哇？我们很焦虑，关于孩子的教育，我们应该怎么办？

【支着儿】

美国著名心理学家、哈佛大学教授霍华德·加德纳博士是世界著名教育心理学家，其最为人知的成就是"多元智能理论"，他也因此被誉为"多元智能理论之父"。他指出："每个孩子都是独一无二的，都有着聪明之处，也都具有在某些领域成才的能力。没有人是全能，也没有人是全无能。"

几十年来，他的多元智能理论已经广泛应用于许多国家的幼儿教育上，并且获得了极大的成功。因此，家长不必为孩子还没有爱好特长而充满焦虑，已有理论与实践证明：每个孩子都有自己的优势智能领域，都有适合自己的学习类型和学习方法，如果你的孩子特长还没有显示出来，这说明孩子的智能优势还没有被充分挖掘和发现。

那么，孩子一项特长都没有，家长怎么办？

1. 读懂孩子

英国著名舞蹈家吉莉安·林恩（Gillian Lynne），曾担任百老汇历史上最长久不衰的音乐剧《歌剧魅影》《猫》的编舞，因其在演艺界的突出贡献，2014年被英国女王授予骑士指挥官勋章（Dame Commander of the Order of the British Empire）。

可是，谁又能想到，小时候的吉莉安并不是模范好学生，甚至被老师建议送去"特殊学校"。如果不是妈妈和心理医生发现了她身上的舞蹈天赋，一个才华横溢的舞蹈家就有可能被埋没了。

每个孩子的潜能都不一样，学画画还是弹钢琴？踢足球还是学奥数？家长如何帮孩子发展兴趣和潜力？多元智能理论为我们读懂孩子提供了一种独特的视角与方向。

美国哈佛大学心理发展学家霍华德·加德纳提出的多元智能理论把人的智力分为八大方面。

（1）语言智能，是指能有效运用口头语言和书面文字来表达自己的想法，并能了解他人的能力。

（2）逻辑数学智能，是指能有效运用数字和推理的能力。

（3）视觉空间智能，是指准确地感觉视觉空间并把所感觉到的表现出来的能力。这项智能既包括对色彩、线条、形状、形式、空间的敏感性，也包括将视觉和空间的想法具体地在脑中呈现出来的能力。

（4）音乐节奏智能，是指对节奏、音调、旋律、音色的敏感度，其中包括察觉、辨别、表达、欣赏和创作的能力。

（5）肢体运动智能（身体动觉智能），是指善于运用整个身体来表达想法和感觉，以及运用双手灵巧地生产或改造事物的能力。

（6）人际交往智能，指的是善于倾听，善于观察脸部表情、声音和肢体语言的敏感性，区分他人的情绪、意向、动机及感觉，并对暗示做出适当反应的能力。

（7）内省智能，自知—自省智能，简单来说，就是有自知之明，对自己的价值很敏感，有发展良好的自我感觉，有直觉能力，会自我激励，懂得设定目标并自我完成。这项能力将有助于孩子学习，包括了解自己的优缺点，认识自己的情绪、动机、兴趣和愿望以及自尊、自省、自律、自主等。

（8）自然观察智能，在环境中，对多种植物和动物的一种认识与分类的能力，并对自然的景物如植物、动物、天文等都有诚挚的兴趣、强烈的关怀。

2. 发掘天赋

孩子刚刚接触世界，对生活中的一切都感到非常新奇，他们有着旺盛的求知欲。但是，由于个体的差异性，不同的孩子对事物的兴趣千差万别，这就需要家长留心观察孩子的活动，必要时可以记录下来。

例如，孩子喜欢随意地画，孩子看过的书过目不忘，孩子对各种昆虫小动物感兴趣，等等，这些都是孩子最初表现出来的对某一种事物的兴趣或在某一方面的天赋，家长不能熟视无睹或者盲目否定，而应该细心观察，并在孩子感兴趣的方向上善于去鼓励和引导。

同时，家长还可以有意识地让孩子接触某些事物，如音乐、运动、演讲等，为孩子创造接触这些事物的条件与环境，观察孩子对哪一方面特别感兴趣，哪一方面会持之以恒地坚持下去，哪一方面的成绩会突飞猛进，天赋在哪里，做到心中有数。

不过，每一种智能都有一定的年龄关键期，过了关键期就很难去发展。因此需要家长尽早地发现孩子的智能组合及学习形态组合，从而使孩子能扬长避短，尽早地得到发展提升。

3. 因材施教

多元智能理论告诉我们：人类的智力发展是一个多元的、复杂的系统。

我们的教育有责任充分发挥每一个孩子的潜力——让每个孩子至少发现自己的一个强项。人倾向于做自己能够胜任的事情，因此，家长发现孩子的智能优势后，应以鼓励的态度让他释放潜能，并为他们提供合适的发展机会，孩子才会乐于充分发挥自己身上那方面的才能。有了成就感，学习也会成为一件快乐的事。在快乐中付出坚持和努力，就会走上成功。反之，如果孩子觉得自己一无是处，就不可能对学习产生兴趣，结果也就不尽如人意了。

细心的家长还会发现，学校也在不断地为孩子提供机会和自我展示的舞台：每周的小舞台表演，每周四下午的4点半课堂，每天放学后的兴趣班辅导，等等。此外，学校的艺术节、科技节、运动节、朗读比赛、知识竞赛……每一项活动都是为孩子准备的，家长需要的是鼓励孩子展示自己的爱好特长，做到因势利导，因材施教。

在教育目标上，多元智能并不主张将所有孩子都培养成全才，而是应该根据孩子的不同情况来确定他们最适合的发展道路。相信每个孩子都有自己的天赋，而我们要做的就是帮助孩子找到自己的兴趣所在，让他在自己真正擅长的爱好特长中快乐成长！

【结语】

多方尝试，一定能找到孩子的兴趣所在，尽心尽力引导，培养孩子的兴趣爱好，让其快乐成长。

孩子上课不专心怎么办?

□ 深圳市宝安区灵芝小学　刘荧荧

【案例】

经常有家长接到老师的反映说孩子上课不专心,喜欢开小差。有的家长为此担心却又束手无策,而有的家长觉得孩子还小,正是调皮好动的时候,长大了自然就会变好。

然而,上课走神、开小差、心不在焉等情况虽然很常见,但极有可能是注意力分散的表现。

注意力分散的情况一旦频繁出现,不仅会导致做作业磨蹭,对知识吸收能力差,同样影响孩子的性格。因此,当孩子出现上课不专心的情况时,我们需要找出原因,对症下药。

【分析】

孩子上课不专心的原因。

1. 生理发育

低年级孩子由于各方面发育还不完善,自制力较差,注意力无法维持长时间的集中。

实际上，心理学家早就已经得出了结论。

5～6岁的儿童集中注意力时长约为10～15分钟。

7～10岁的儿童集中注意力时长约为15～20分钟。

10～12岁的儿童集中注意力时长约为25～30分钟。

一节课40分钟，要想让孩子每分每秒都集中注意力显然是不可能的，只要孩子的注意力时长不会太短，家长不必过于担心，只需要在日常加强对孩子注意力的培养。

2. 家庭教育

很多孩子的注意力往往是在家长不经意间破坏掉的。比如，当孩子一个人安静看书的时候，突然给孩子拍照，大声夸孩子真棒；当孩子专心搭积木时，突然凑上前问孩子喝不喝水，吃不吃水果；当孩子认真写作业时，突然对孩子的作业进行指导。孩子专注的状态总会因为各种各样的"关心"而中断，久而久之，孩子就无法沉浸在一件事里，享受到其中的乐趣。

3. 课堂因素

孩子平时在家总能专心看书画画，唯独上课总是不专心，那么有可能是因为对上课的内容不感兴趣。每个孩子都会有感兴趣的东西，所以在做不同的事情时，注意力时长有长有短。

对上课内容不感兴趣，兴许是学习新知识有些吃力。擅长的事情容易让人获得成就感和自信心，孩子在面对不擅长的科目时，容易产生畏难情绪，认为自己怎么也学不好，进而在课堂上就会有不认真听讲的情况。

【支着儿】

改善注意力的方法。

1. 适当运动

研究发现，运动到某个程度时，大脑会自动分泌多巴胺、血清张素和正肾上腺素，这些神经传导物质都跟学习与记忆有关，所以孩子运动后的学习效果比较好，记忆力比较强。

家长可以和孩子一起玩一些需要调动全身，注意力高度集中的运动。

2. 提高兴趣

孩子的注意力本来就很短暂，只有兴趣可以使它变长。孩子对有兴趣的东西，如下雨、蚂蚁搬家，可以端详很久。要使孩子注意力提高，要从兴趣入手，如孩子不擅长语数英这些学科，家长首先要了解孩子的学习情况，对于孩子的薄弱项要及时加强。在这个过程中，不要给孩子设定太高太难的目标，也不要总和别人家的孩子做比较，需要耐心鼓励孩子，必要时及时和科任老师沟通，找到适合孩子的学习方法。

3. 改善环境

给孩子一个安静不受打扰的环境，不管是做作业、读书还是画画，都需要一个专门的空间。在这个空间里，尽量减少能干扰孩子的因素，如电视机、电脑、手机等电子设备，随处可见的零食，甚至是讲话的声音，饭菜的香味。给孩子提供一个能专注做事的环境，不去打扰他。

美国心理学家丹尼尔·戈尔曼说过："专注力比智商更能影响一个孩子的未来成就。"解决孩子上课不专心的问题，应从多方面分析原因，不必指责孩子，耐心地和孩子沟通，好的注意力需要家长用心呵护。

【结语】

培养孩子将来成为一个什么样的人，永远比孩子现在的成绩是怎样的更为重要。

男孩子的家长怎么陪孩子一起玩？

□ 深圳市宝安区灵芝小学　曾吐容

【案例】

学前阶段是孩子从游戏阶段向学习阶段的一个过渡时期，好玩是孩子的天性，而男孩子相对女孩子更活泼、好动，对事物好奇心强。作为家长，怎样陪男孩子静静地玩呢？我们可以尝试下面的玩法，也许会有所收获。

【支着儿】

1. 看

玩扑克游戏。玩法：取三张不同的牌，随意排列于桌上，如从左到右依次是梅花5、黑桃8、方块3，选取一张要记住的牌，如梅花5，让孩子盯住这张牌，然后把三张牌反扣在桌上，由家长随意更换三张牌的位置，最后让孩子报出梅花5在哪儿。如孩子猜对了，就胜。两人轮换做游戏。随着能力的提高，家长可以增加难度，如增加牌的数量，变换牌的位置的次数和提高变换牌的位置的速度。

这种游戏能培养孩子注意力集中。由于是游戏，符合孩子的心理特点，非常受孩子喜欢，玩起来孩子的积极性很高。每天坚持玩一阵，注意力会有所提高。

2. 听

听字训练。训练方法：家长读下列短文，孩子认真听，当听到一个"一"字就用笔在纸上打一个"√"，家长读完后统计"一"字的个数，确定孩子记录的个数与短文中"一"的个数相同。

短文：

有一只小鸟，它的家搭在最高的树枝上，它的羽毛还未丰满，不能远飞。每日只能在家里叽叽地叫着，和两只老鸟说着话，它们都觉得非常快乐。

一天早晨，它醒了。那两只老鸟都找食物去了。一看见火红的太阳，它们又害怕了，因为太阳太大了。它们又看见一棵树上的一片好大的树叶，树叶上站着一只小鸟，正在吃害虫。害虫吃了很多树叶，让大树不能继续长大。大树是我们的好朋友，每一棵树都产生氧气，让我们每一个人呼吸。老鸟马上飞过去，与小鸟一起吃害虫，吃得饱饱的，并为民除害。

这种游戏可以培养孩子的倾听能力，加强孩子的学习能力。

3. 演

家长和孩子利用家里的玩具，模拟玩具店的买卖情景，让孩子把玩具作为"货品"，用纸片做好价格标签。也许孩子标的价格并不符合实际，此时，家长可以适当引导孩子进行标价。孩子演玩具店的售货员，家长演顾客，也可以交换角色玩一玩。进行买卖交易时，建议用生活中流通的人民币，让孩子在玩的过程中认识人民币，掌握人民币的换算及计算方法，为将来的学习打下基础。

孩子在扮演的情景中玩，能充分调动积极性，锻炼孩子动手动脑能力，体验生活中的真实情景。

【结语】

孩子的世界是那么纯真，那么快乐！我们要走进他们的世界，与孩子零距离接触，一起游戏就是美好的方式。

低年级孩子放学回家该做什么？

□ 深圳市宝安区灵芝小学　张　萍

【案例】

学校的放学时间一般为下午4点半，通常孩子们放学后就会离校回家（除值日或校队训练外）。如何安排孩子的课后时间，很多家长存在疑问。有的家长反映孩子放学后只顾着玩，导致很晚才能将作业写完；有的家长抱怨孩子写作业不够专注自觉，一不留神，孩子就会偷偷看电视或者做其他无关学习的事情；有的家长因为孩子的作业已经完成，便私自给孩子布置"额外的"作业，孩子一方面苦不堪言，另一方面又迫于父母的压力做了不少练习册，失去了玩的时间和自由的空间。

【支着儿】

针对这一现象，我有以下几点建议。

1. 规定回家的缓冲期

孩子在学校学习了一天，刚回到家一般比较疲惫，如果一进家门就催着孩子写作业，孩子容易产生抵触情绪。这里建议给予孩子一个缓冲期。

（1）回家后先跟孩子聊聊天，了解孩子在校一天的情况。可以问："今天学校有什么新鲜事吗？""今天有什么好的表现？""今天收获了什么呢？""这个问题需要妈妈/爸爸帮忙吗？"亲子交流中可以了解孩子在学校的表现、收获甚至是遇到的问题，及时给予孩子赞美和鼓励。在一个良好的氛围中，孩子更能感受到家长的关爱，家长也换位思考，明白孩子的乐与苦。

（2）在聊天过程中，孩子可以吃点水果或者点心补充能量。

（3）营造一个舒适的学习环境。一个嘈杂混乱的学习环境容易让人心浮气躁，影响学习效率和质量。家长需要给孩子提供一个相对安静和舒适的学习环境：灯光柔和、桌面整洁、桌椅的位置得当，尽可能远离电脑、电视或者手机，也可以适当播放一些柔和的轻音乐。

2. 写作业

（1）时间的安排

先写数学还是语文？先听写单词还是先做口算？先背诵课文还是做习题？这些问题与写作业的计划有关，建议家长引导孩子按从易到难的顺序写，写完一科再完成另一科。如果碰到耗时较长的作业，如作文或者是做试卷等，建议放到后面写。对低年段的孩子，家长可在一旁指导，以便培养孩子写作业的好习惯；如果是高年段的孩子，家长也不能全然放手，需要暗中观察，了解孩子的作业进度和时间安排，做到心中有数。

（2）作业的辅导

低年段孩子的学习和作业习惯至关重要。作业作为一种检查孩子学习成果的工具，可以给家长提供了解孩子薄弱科目和知识点的重要手段。在孩子写作业时，家长要允许孩子犯错，引导孩子发现错误并及时订正，查缺补漏，在督查中培养孩子的独立性和自信心，同时也提升了作业的质量和效率。

3. 劳逸结合

俗话说得好，"只会学习不玩耍，聪明孩子也变傻"。低年段孩子的学习压力相对较轻，习惯的培养远比学习成绩更重要，如何让孩子更加自信阳光地成长，家长需要给孩子一个"玩"的时间。这种玩不仅包含饭后的散步、逛公园，或者到小伙伴家聊天，还包括孩子的户外运动，如滑滑板、跳跳绳、打打球等运动。

4. 培养孩子阅读的习惯

阅读是影响终身的好习惯。阅读能为孩子提供一个精彩奇妙的多彩世界，为他们插上想象的翅膀。一个会阅读、懂阅读、爱阅读的孩子将在学习和日常生活中受益良多。良好的阅读习惯除了在学校中培养外，家里也需要一个良好的读书氛围。亲子阅读是一种家庭阅读模式，家长可以与孩子"同读一本书"，或者是在家里设置一个固定的"读书角"，与孩子约定一个"读书时光"，一起在阅读中感受阅读的独特魅力。

【结语】

温柔而坚定的陪伴，便是孩子放学时光的暖阳。

第三章
中年段

03

　　善良的人，才是和世界摩擦最小的人，才容易成为幸福的人；在心态上不苛刻的孩子，长大后他的处世态度会更自如，人际关系会更和谐，会获得更多的帮助和机会。

孩子不爱写作文怎么办?

□ 深圳市宝安区流塘小学　张忠萍

【案例】

说起学语文，聊起写作文，脑海里浮现的是班级小橡同学那让人忍俊不禁的经典打油诗："语文难，语文难，学得两眼泪汪汪，考完还要见家长。作文是个大麻烦，下笔无言直冒汗，时钟一圈又一圈，眼前还是那两行……难！难！难！"多么"痛"的领悟，多么真实的写照，多么可爱的孩子。这应是相当一部分孩子的大烦恼：不知道写什么，也不知道怎么写。避之都不及，又怎能生出爱来呢?

【支着儿】

作为语文老师，想点办法来救救被作文"折磨"的孩子们吧！就从我与孩子们跟作文相处的这些年里那些有点意思的故事说起。

你的感受，我很珍惜

这是个爱笑但不那么爱说话的胖胖的男孩，我喜欢叫他铁栓。某一天他发现我跟他妈妈聊天的信息，急得直说："张老师怎么都写错了我的名字呀"。那是二年级的一次考试的写话，记得是展开想象，续写《坐井观天》，青蛙跳出了井口，看到了天那么大，会说些什么、做些什么？这样的写话，在课堂上老师们肯定讲过，孩子们无一例外地都写了老师引导过的，说过的，跟寓意有关联的。铁栓同学的写话是这样的："青蛙听了小鸟的话，用了很大的力气跳出了井口，抬头看了看无边无际的天空，对小鸟弯腰敬了个礼说：'谢谢你告诉我，天这么大。这么大的天，有点不安全，我还是回我的家吧。'青蛙转身又跳回了井底。"当时改到他的写话时，我很讶异，回到教室的走廊里跟他聊："为什么天那么大，青蛙还是要跳回井底呀？"他说："听奶奶跟爸爸说过，'外面再大，也要记得回家'。"回到办公室，我在他的试卷写话的后面，加了他听说过的那句话："外面再大，也要记得回家。"写话满分，另外加5分，并在后面写下了："你的感受，我很珍惜。"在发卷的时候，我特意读了他的写话，同学们先是哈哈大笑，停下来后，我跟大家说：写话也好，以后的写作文，再以后的写作也好，永远记得，我手写我心。你心里真实的想法，你想要说给别人和自己听的话，每一种感受都很珍贵，每一个句子都值得珍惜。就像今天铁栓同学的写话，他没有强行按老师讲的去写，就是写他想要表达的。我很喜欢，也很珍惜，得分满分并加5分。孩子们似懂非懂地安静了下来，掌声随之响起。从那以后，铁栓同学总愿意写他想要表达的东西，虽然质朴、生涩，却总能打动人心。有一天，他的碎碎念小作文《画家乡　话家乡》变成铅字发表在《七彩校园》上时，他的喜悦飞出了天际，也更加认定了"我手写我心"。

　　我与铁栓的小故事，其实在某一个侧面是告诉我们"写什么"的问题，孩子为什么觉得作文无话可写？因为，我们忘了作文最强大的资源库就是孩子们不那么丰富的生活和他们最丰盈灵动的内心世界。因此，把写什么的权利交给孩子。不一定要有多高深的立意，不一定要有多优美的词汇，也不一定要有多起伏的情节，试着引导孩子用笔来记录身边的生活。跟孩子说："写什么，你说了算！"因为你的作文写的是你的世界、你的内心。每一次的作文，老师需要做的就是串联起作文与孩子们的生活，只有他经历过的世界，或者他看过、思考过的事物，他才真的有话可写。为了所谓的优秀作文而去杜撰、模仿别人的生活，起码不适合小学生的作文，也不是小学生作文最好的打开方式吧。

秉承着记录成长、记录生活，孩子们一周一篇周记，已成习惯，有话就长，无话可短。我看他们的周记，很少从写作的技巧上去写评语，主要是从以下两个方面：一是找出文章里真诚的句子，进入班级的好句库。二是当作我跟孩子沟通的桥梁。哭的，笑的，被赞的，被批的，就成了周记的主角。写着写着，就成了习惯，忘了难。

你的积累，随时随地

采儿是个有个性的小姑娘，话不多却能句句说到点子上。记得三年级的时候，她问我："老师你说'我手写我心'，可为什么我读课外书时，总能感觉到作者把我想要说的又表达不出来的表达得淋漓尽致？我觉得简直神了，是我肚子里的蛔虫。""哦，这样啊，那就把这个句子变成你的，记在你的本子上，记下你读时的心情。""这样都行？你不是不让我们抄吗？""行！这就是积累，就是传统的好词好句。下次，张老师把我学生时代的摘抄本给你看看，当然你想看我现在的读书摘抄，也可以偷偷给你看。当然你也可以试试。"之后，我给她看了我的积累本，不知道是不是我的话起了作用，还是我的摘抄本刺激了采儿，当某一天，她的妈妈偷偷地把她整本的积累本发给我看时，我能感受到她母亲的自豪与感动。也不知道从哪一天起，她的表达就变丰富了。曾经背过的古诗词、小古文都入了她的作文，也不知道这里面有没有她曾经的积累。此刻我更加深信所谓的好词好句，应该不是千篇一律，不是同一个标准打磨出来，或老师用自己的审美强加给他们的。孩子需要积累的是引起他们同理心的句子，让他们有共鸣的句子，他们的阅读积累才不会流于形式，才能真的吸引孩子。这样的读书笔记，我跟孩子们一起做了好多年。

除了引导孩子们从书本上积累外，还要引导他们从生活感受和平时的表达里积累。课堂上精彩的发言是要进入班级"金句"中去的，生活中他们说的有意思的话也是要进入自己的"金句"中去的。例如，某天跟邻班进行了一场篮球友谊赛，打得难舍难分，最后我们班一球险胜。在回班级的路上，孩子们七嘴八舌地谈论着，一个孩子说："运姐手里的篮球从出手到篮板的距离，明明只有几米，在我眼里却慢得像跑了一场马拉松。""对对，运姐在用篮球投篮，我们在用眼力发功，直指那个圆圆的框里。"……类似这样的机会，我会跑过去，告诉他们，这些话绝对是可以记录在他们自己的积累本上，在某天写活动的作文时就可以拿出来用的。所以，平时跟同学聊天时，一些有意思的表达是可以随时记录下来的，而这些就会是你作文里的灵感。日积月累，孩子心里的"存货"越来越多，当面对一种事物，他们有两种甚至多种表达方式供他选择，他们的表达就能更准确、更有趣。

积累很重要，对作文表达尤其重要。巧妇难为无米之炊，如何引导孩子积累，是一门学问，也是一门艺术。如果只是机械地记下所谓的好词好句，那真的会让孩子断了积累的兴趣，只会应付老师、应付家长。这样的积累又有何用？

你的文章，我很欣赏

每一次批阅孩子们的作文，无论是写人的，还是记事的，或是写景的，有时间我都会分享到班级家长群里。一是让家长们感受孩子的世界，感受孩子们的成长；二是引导家长去发现孩子们作文表达里的闪光点，因为我们都习惯用欣赏的眼光赞美别人家的孩子，用挑剔的目光来要求自家的孩子。当孩子们的作文都发在家长群里时，每个孩子总能或多或少地去赢得别人的鼓励与赞美，在家长感受快乐的同时，也把这份鼓励与赞美带回家传递给自己的孩子。孩子辛苦写下的东西，需要有人欣赏，哪怕他写得不怎么样，也请您别一棍子打到底。因为您打得多重，孩子对写作文的厌恶就有多重。同样，如果他的写作赢得了更多的理解、感同身受，甚至赞美，那么他对作文的爱会随之浓一分。于是每一次的作文成了家长们的快乐日、减压日。我也会把群里的欢乐分享给孩子们，我告诉他们："你们的作文，是我们大家的快乐。"他们一边嗤之以鼻，一边欢欣雀跃。这群磨人的小怪兽，就是这样。

爱上作文，非易事。要成为作家，也需要天赋。但对于小学阶段的孩子来说，身为家长，作为老师，我们永远要明白一点：并非所有的孩子都要成为作家。因此，在教材规定的习作里，尽可能少给孩子条条框框，少给点范文，少点套路，多点鼓励。少点高大上，多点真善美。让孩子尝到写作的一点点甜头，生出一点点兴趣，允许他们干瘪，也允许他们平淡，为师的你就能从这些干瘪平淡的文章里发现珍珠、发现火苗，让这火苗点亮属于每个孩子的作文星空。

亲爱的家长、老师，为人父母的您拿着孩子的作文去问问当年您的小学语文老师，是不是当年的您还不及跟前的他呢？都是这样过来的，那就领着孩子把生活串成一道七彩的故事，让孩子用笔去描画吧。赤橙黄绿青蓝紫，总有属于您孩子的一色。陪着孩子成长，爱心打底，智慧相伴，油盐柴米皆成画，嬉笑怒骂皆成文。

【结语】

对孩子来说：生活，就是一所学校，一草一木，都可以成为研究探索的对象。

孩子不喜欢背英语单词怎么办？

□ 深圳市宝安区灵芝小学　卢　婷

【案例】

刚刚布置完英语单词背诵任务，便收到小樱妈妈发来的信息："老师呀，我家小樱每天完成英语单词背诵都很困难，很不情愿，磨磨蹭蹭，10个单词背下来都要两个小时。为这事我总说她，说多了又不开心，甚至更不愿意背单词了，真不知道怎么办好！"

【支着儿】

对于孩子来说，背单词无疑是学习英语过程中最关键的一环，背单词的质量直接关乎孩子英语成绩的好坏。但是，背单词对于没有掌握学习方法，学习英语困难的孩子来说是非常艰难的，特别是对于那些没有英语学习兴趣的孩子来说，背单词尤其显得枯燥乏味，让家长十分伤脑筋。如何让孩子爱上背单词呢？试试下面这几招。

1. 兴趣是最好的老师

首先，要让孩子爱上背单词，家长应该运用多种方式先让孩子对学习英语感兴趣。从孩子的兴趣点着手，比方说孩子喜欢绘画，就可以多买一些英语绘本类的书给孩子；孩子喜欢音乐，就多推荐一些慢速英语歌曲给孩子；孩子喜欢电影，就多陪孩子观看一些英文电影；孩子喜欢交友，就多找机会让孩子试着和外国友人对话；孩子喜欢动画片，就多给孩子看一些英文动画片。

2. 语感是学好英语的捷径

一个有英语语感的孩子背单词会比别人快很多，保持每天都有一定的英语输入，每天让孩子听一些相对语速较慢的英语新闻、英语演讲、英语朗诵比赛等节目，通过"磨耳朵"增强孩子对英语学习的语感，从而提高孩子背单词的效率。

3. 做好家校合作

配合好英语老师的教学，同步跟进孩子上英语课的进程，尤其是及时督促孩子完成英语老师布置的课堂作业，及时复习。

4. 寓教于乐

孩子在家背单词的环节，可以设计各种和孩子一起互动的游戏，让孩子在游戏和快乐的互动中不知不觉地就背会了单词。

例如"单词接龙"：家长说一个单词"apple"，孩子要试着找到一个以"e"结尾的单词接上。以此类推，连续接上五个就可以获得一个奖励。

例如"跳房子小游戏"：就像我们小时候玩跳房子一样，孩子扔沙包到相应的单词，然后按照跳房子的顺序读出单词。也可以将单词换成字母，孩子按照单词中字母的顺序跳房子。

例如"你做我猜"：家长做动作，孩子猜单词，在家长的动作中猜到单词的意思会让孩子觉得有趣且印象深刻。

例如"你画我猜"：孩子画图，家长猜单词，或者家长画图，孩子猜单词。

例如"单词爆米花"：将几个pop（爆炸）和孩子要背的单词中文写进纸条揉成爆米花状。每抽一个"爆米花"如果能成功地拼读出单词，这个"爆米花"就归自己所有，如果没有说出来，"爆米花"就要归还，如果抽到"pop"就要把自己所有的"爆米花"放回桶里。

5. 引导孩子掌握科学的单词记忆法是关键

例如"自然拼读法"：自然拼读法是根据单词的读音将单词拆分成若干

音节，每个音节分别由相应字母组合而成，而这些字母组合又形成一定的规律，进而形成一首自然拼读歌，可以搜来给孩子唱一唱、背一背。这个方法的好处是只要孩子会读单词了，基本上他就会背了。

例如"归类记忆法"：可以将颜色类、动物类、地点类等不同种类的单词归类汇总起来给孩子背，这样更不容易弄混单词。

例如"派生记忆法"：一些复合词比较适用这种方法来记忆单词。比如说school bag，只要知道school和bag相应的意思，那么这个单词就会背得毫不费力了。

6. 正面管教

对于大部分意志力和自制力还不够强的孩子来说，家长的鼓励、督促和帮助是非常重要的。家长要经常用正面语言去激励孩子的学习，如"我相信你如果再努力一点，你一定能做得更好！""我相信，如果你能够按时完成作业，你一定会进步得更快！"等正面激励性的语言。很多科学研究表明，不做焦虑的父母，一个从容且包容的家长能教出学习效率更高、更自信、更阳光的孩子。

【结语】

一个行为反复养成习惯，习惯反复形成品质，品质改变命运。

如何兼顾孩子学业与兴趣特长?

□ 深圳市宝安区灵芝小学　赖美芳

【案例】

有一个女孩子，从小特别喜欢弹钢琴，也弹得很好。到了高年级，因为学业成绩有所下降，妈妈停了她的钢琴课，孩子很难过，抚着琴键声泪俱下地表示：自己一定会更努力学习，争取进步，希望妈妈可以让她继续弹奏自己最爱的钢琴。面对孩子的恳求，母亲表示同意，但前提是学习成绩提上来，考试考进前十名。

其实不只是这位家长有这种想法，我们理解作为家长的心理，在孩子上学的过程中，自然是学习大于特长爱好。但是，只要我们引导得法，兴趣特长不但会助力孩子的学业发展，还能让孩子成长得更快乐。

【支着儿】

1. 正确的认知

学习是为了更好地成长，习得知识与技能，将来能更好地适应社会。兴趣爱好不是指完全消磨时光的娱乐，而是在做自己感兴趣的事情时，认真探索，专注投入，持之以恒。在这个过程中，孩子同样能锻炼学习所需的能力素质，如专注力、意志力、理解能力等，这些能力当然也有助于孩子在学习上的进步与提升。所以并不是说参加特长班一定会影响学业，而关键在于两者之间如何平衡。兴趣特长的选择上，大多数家长会凭自己的喜好为孩子做出安排，让孩子学家长认为比较有用的特长。这方面作为家长要充分尊重孩子，了解孩子的兴趣爱好与优势特长，与孩子沟通，倾听他们的想法，做出适当的引导，但最后的决定权交给孩子。

2. 制订学习计划

"凡事预则立，不预则废。"做任何事有了计划容易取得事半功倍的效果，时间管理很重要，学习也是一样。孩子可以对自己的学习、兴趣特长进行有效的时间分配与管理。例如，早晨大脑比较活跃，记忆力好，适合背诵一些古诗或英语单词。上午精神饱满，适合专心听讲，攻克一些难题。到了下午，大脑开始疲劳，可以做适当的体育运动或能让大脑得到舒缓休息的一些兴趣爱好。到了高年段，学业负担比较重，有的孩子会选择在校先完成一部分作业，让自己在课余能做自己喜欢的事，如参加感兴趣的特长班。到了晚上，周围环境相对比较安静，完成作业后，适合无负担的阅读。每个孩子存在个体上的差异，学习计划也要因人而定，引导孩子做好相应的计划，不但能清晰明确自己的目标，还能有效地提高学习效率。孩子一旦拥有了清晰的学习目标并能分配好学业与兴趣特长的时间比例，就不会有力不从心的感觉，做到"鱼与熊掌兼得"。

3. 交叉学习法

交叉学习就是在不同的学科间进行交替学习，以此达到更换大脑思维、学习效率最大化的目的。众所周知，人脑分左右两部分，左脑具有逻辑思维功能，操纵语言；右脑产生直观、形象、想象，具有非逻辑功能。我们之前做过一个"友善用脑"的课题研究，就是提倡在学习过程中把音乐、健脑操、思维导图、冥想等元素融入其中，让学生多感官参与学习。通过左右脑的交叉学习，可以更有效地利用时间，高效地学习。

有些孩子由于学习任务过重，可能会带来心理上的压力，但把学习和自己的兴趣爱好两者结合起来是一个不错的选择。劳逸结合的目的是解决心理压力的问题，心态的稳定会为学习带来好的效果。例如，适当的肢体运动或弹奏音乐可以舒缓紧张的学习情绪，让学习的时候更有效率。

学习和特长如果能够有机地结合起来，会成为孩子成长的双翼，会相互促进，使孩子更好地成长。

【结语】

父母要给予孩子自由成长的空间，帮助孩子矫正错误，找到正确的方向。

孩子不爱检查作业怎么办?

□ 深圳市宝安区灵芝小学　蔡 梅

【案例】

老师与家长沟通时,听到最多的就是:"老师,孩子不喜欢检查作业,还要依赖爸爸妈妈帮他检查。即使他自己检查也是敷衍了事,随便看几眼,然后告诉我说:'妈妈,我都做对了,帮我签名吧!'一直在陪着他写作业,可是还是不见效果。老师,像这种情况该怎么办?"

【支着儿】

遇到这种情况,家长不能为孩子"打包",即错题直接帮孩子订正,不会做的直接教他做。时间一久,孩子学习的依赖性会越来越重,对待问题不愿意主动思考和钻研。这样教育的结果是"累坏父母,害了孩子"。我国著名儿童教育家、儿童心理学家陈鹤琴说过:"习惯养得好,终身受其益,习惯养不好,终身受其累。"小学阶段成绩好的孩子未必有良好的学习习惯,但有良好学习习惯的孩子成绩终会好。学生良好的学习习惯在学习过程甚至一生的发展中所起的作用也至关重要,社会、学校和家长越来越关注学生习惯的养成。下面浅谈几点小妙招,希望家长们在家可以督促孩子养成主动检查作业的好习惯。

1. 父母是孩子的榜样

一个家庭中，爸爸妈妈的言传身教至关重要，对于孩子的一生成长都起着决定性的作用。那么，爸爸妈妈如何才能正确引导孩子产生积极正面的主动检查作业的意识？低年级孩子对于父母的行为更是有样学样，身教重于言教，父母首先要从自身引导孩子如何检查作业。

爸爸妈妈可以利用自身各种生活中的小例子，如爸爸在工作时就是因为没有做好检查工作，而导致出现了一点小失误，爸爸不希望孩子也出现这样的错误，所以在做任何事的时候，都要养成再次检查、再次确认的好习惯。

在作业出现问题，老师询问孩子这个题为什么这么做时，有些小朋友会跟老师说："老师，我自己明明做对了，可是我爸爸非要叫我这样做！"还有的说："老师，我妈妈帮我检查了，她说我做的都是对的！"听着孩子们对自己父母的"投诉"，细细想来，其实就是父母总觉得自己是对的，不信任孩子，没有和孩子达成一个和平共处的原则，你讲你的，我做我的。所以，只有创造良好的家庭氛围，和谐的亲子关系，孩子才会耐心地倾听并接受父母辅导作业，为养成检查作业好习惯迈出成功的第一步。

2. 如何让孩子主动检查作业

在学校，有老师课堂上的语言激励，那么在家中，同样需要家长们真诚的表扬、充分的鼓励，对低年段的孩子除了不吝口头表扬外，还要准备如文具、玩具、贴纸等小小的物质奖励。

检查作业时，要给孩子留出足够的时间。时间过于紧张，不但不能培养孩子的检查习惯，反而让他马马虎虎、敷衍了事；反之，又会造成磨蹭、拖拉的现象。让孩子既能在规定的时间内完成作业，又能进行一遍左右的检查。家长可参考这个时间进行督促。

对待孩子需要有耐心。开始时，要让孩子明确检查的意义，家长还应和孩子共同检查作业中的错误，并给孩子指出错误的地方，逐渐帮助孩子建立起检查的习惯和信心。有一点特别要注意，在开始培养"检查"这个习惯的时候，家长应该和孩子一起对作业做检查。中年段，可以指出一些错误的地方，但同时还留些空白尽量让孩子自己发现。再后来，告诉孩子有几处错误就可以了，让孩子自己去发现。高年段，只告诉孩子有错误即可，直到孩子自己全部发现为止，需要强调的是，如果孩子没有发现并全部改正，不能进行下一步的作业。

家长督促孩子完成作业后要及时检查，这样日积月累、潜移默化地提醒，孩子自然而然会养成主动检查的习惯。切不可因溺爱孩子包办检查。另外，还需要提醒家长的是，如果孩子有进步，就要马上与老师取得联系，老师会寻找恰当时机在课上当众对孩子提出表扬与奖励。

3. 家校沟通不可少

学生良好的学习习惯不是一朝一夕就能养成的，需要家长与教师密切配合，帮助学生养成良好的作业检查习惯。现在沟通方式多样，如果您有疑惑，可以利用QQ、钉钉、电话或面对面的方式与老师进行沟通，交流教育方式。对于孩子的点滴进步，我们和家长应同时给予肯定、表扬，多一些鼓励，少一些责骂，增强他们的自信心，促进他们良好习惯的养成。这样，家校达成共识，有利于学生养成良好习惯。

作业检查习惯的培养对学生的成长有着深远的影响，不仅能培养学生的多种思维能力，而且有利于培养学生的耐心、细心、恒心和知错就改的良好品质。当然，任何一种习惯不是一朝一夕就能养成的，只要我们平时持之以恒，反复讲，反复练，长抓不懈，学生的检查习惯一定可以养成。

【结语】

教导孩子的主要技巧，是把孩子应做的事变成一种游戏。

孩子做事马马虎虎怎么办?

□ 深圳市宝安区灵芝小学　曾吐容

【案例】

片段1："妈妈，我忘记带语文练习册回家做了！"

片段2："老师，我今天忘记戴红领巾了！"

片段3："老师，我计算时，不小心给小数点'搬家'了！"

…………

有很多孩子性子急，马虎，做事不认真，草草了事，这让许多爸爸妈妈非常头疼。那么，家长该如何去纠正孩子做事马虎的坏习惯呢？您不妨试着这样做。

【支着儿】

1. 从故事中懂得不要马虎

引用寓言故事：

从前有一个画家，很爱画虎。一天，他刚画好一个虎头，他的朋友来找他画马。画家提笔一挥，在虎头下面添了个马身。朋友问他："你画的是马还是虎呢？"画家随口答道："管它是什么，马马虎虎吧！"朋友听后，生气地走了。画家自认为这画画得不错，就把它高挂在墙上。他的大儿子见了，问："爸爸，上面画的是什么？"画家说："是马。"过了一会儿，二儿子走进来，一见这画，问他，画家又信口说："是虎。"

过了几天，大儿子出门去，在森林里遇到了一只虎，他还以为是马，想把它拉来骑，结果被虎吃掉了。又过了几天，二儿子在街上看见一匹马，以为是虎，吓得掉头就逃，差点没被吓死。于是人们就送给画家一个外号，叫他"马虎先生"。

大儿子把虎当成了马，二儿子把马当成了虎，画家的马虎导致了两个儿子的悲惨遭遇，画家认识到了自己马马虎虎的态度和行事作风的危害，大哭了一场，决心今后做事一定认认真真，不再马虎了。寓言警醒世人，切莫马马虎虎。

家长可以给孩子讲类似上述的关于"马虎"的小故事，让孩子知道马虎做事的危害，提高警惕性，不能马虎做事。

2. 用心培养孩子的责任心

责任心是做好一件事情的前提。可以说，如果没有责任心，对什么事情都敷衍了事，将一事无成。要培养孩子的责任心，光靠说教不行，要靠平时良好习惯的培养。比如，在家里父母可以给孩子安排一些劳动，让他负责擦桌子或洗碗，这就是他的责任。干好了，要给予鼓励或奖励，干不好，家长要及时教育，要求孩子重来一遍，直到干好为止。逐渐培养孩子的责任心，遇事不能敷衍了事。

3. 注重培养整齐、有序的生活习惯

许多生活习惯都是从小培养起来的，如果一个孩子生活在杂乱无章的家庭中，什么东西都可以乱放，没有稳定的作息习惯，就会使孩子养成粗心、马虎、无序的生活习惯。所以，建议家长在家庭中创造一种有序的生活，做什么事情都要尽量有规律，不要打破"常规"，家里物品的摆放要整齐，有固定的地点。孩子在生活上养成有序的习惯后，在学习上也会逐渐细心起来。

4. 培养孩子集中注意力，认真做事的习惯

有的父母，不管孩子是不是正在学习，都把电视机开着或者打麻将，这些做法都会对孩子造成干扰，使孩子不能集中精力去学习。久而久之，孩子便养成了一心二用的坏习惯。父母要给孩子提供安静的学习环境，并要求孩子在计划的时间内完成学习任务，督促孩子"审题三遍，做完检查"，养成认真审题、认真检查的好习惯。

【结语】

在孩子的成长过程中，家长不要有越位的行为，要让孩子自己的事情自己做，独立面对学习和日常生活，从而锻炼孩子独立自主的能力，培养认真做事的态度。

孩子爱发脾气怎么办？

□ 深圳市宝安区新安中学（集团）外国语学校　严艳芬

【案例】

"严老师，不是我不管孩子，而是我管不了孩子。我的孩子很爱发脾气，我叫他写作业，他就发脾气，光坐着，什么事都不做……"

"严老师，抱歉哪，孩子又迟到了！我已经提前叫他起床了，可是他一起床就发脾气，不愿意洗漱吃早餐，磨磨蹭蹭……"

"严老师，孩子放学回来闷闷不乐的，我问她发生什么事了？她说跟同学在玩耍的时候闹别扭了，一整天都在发脾气……"

想必，许多家长朋友都遇到过这样的孩子，他们稍有不顺或者一言不合就发脾气，他们敏感易怒，特别情绪化，犹如一颗爆竹，遇火就爆。面对这样爱发脾气的孩子，很多家长都无法理解，更是束手无策。那么，为什么孩子爱发脾气呢？孩子爱发脾气，家长应该怎么办呢？

【类型】

从心理学上来说，孩子爱发脾气是一种情绪情感和心理变化的表现，它分为有意识的发脾气和无意识的发脾气。所谓"有意识的发脾气"是指为了引起他人注意，获得关注或者寻求需求满足的故意而为的一种行为。所谓"无意识的发脾气"指的是潜意识里无法自控的表达情绪情感和心理变化的一种行为表现。

【原因分析】

解决问题，对症下药是关键。孩子爱发脾气怎么办呢？首先应找准孩子爱发脾气的原因。孩子爱发脾气大致可以分为两种原因，即内因和外因。

1. 内因

孩子是否爱发脾气跟个性特质有着密切的关系。性格温和、积极乐观的孩子遇到不顺心的事情，心态平和。性格急躁的孩子遇到不顺心的事情比较敏感极端。

2. 外因

孩子爱发脾气的性格受到家庭教育、学校教育和社会因素的影响。家庭教育中，父母或者其他家庭成员的性格、处世方式和生活态度会影响孩子。学校教育中，孩子接触到的老师、同学和朋友的性格、处世方式及生活态度都会影响孩子。社会上的一些不良风气也会影响孩子。

【支着儿】

一、学会情绪管理

1. 父母学会情绪管理

家庭是孩子的人生大学堂，父母是孩子的启蒙老师和终生导师。父母是孩子的一面镜子。孩子的模仿能力超乎你的想象。父母说话的语气音量，处世的态度方式都潜移默化地影响着孩子。

父母性情温和，情绪稳定，往往孩子也性情温和，情绪稳定。父母爱发脾气，喜怒无常，往往孩子也会爱发脾气，喜怒无常。因此，父母尽可能不在孩子面前发脾气，特别是在与孩子沟通不畅的时候尽可能不对孩子发脾气。因为父母的情绪管理方式直接影响孩子的情绪管理方式。这点我是深有体会的。

有段时间我的孩子特别不爱吃饭，任凭我怎么哄都无济于事，有时控制不住自己的坏情绪，便大声训斥："我不跟你玩了！""你出去！"然而，突然有一天，在我们沟通不畅时，还没等我控制不住坏情绪，孩子就冲我大声吼："我不跟你玩了！""你出去！"听到这熟悉又激烈的话语，我恍然大悟，孩子不知何时学会了用我这种消极的方式去处理问题，我惭愧不已。于是，我立刻反思自我，调整情绪，真是费了九牛二虎之力才把他这种消极的情绪管理方式慢慢调整过来。

因此，想要孩子学会情绪管理，父母首先要学会管理自己的情绪，不要把负面的情绪管理方式传递给孩子。

2. 自觉提升家庭教育能力

活到老、学到老。父母是孩子的终生导师。父母的学识和教育理念水平也默默影响着孩子。做学习型的家长，主动参与学习提升，提高亲子沟通能力和家庭教育水平。推荐家长们阅读《你就是孩子好的玩具》《孩子把你的手给我》《好妈妈胜过好老师》《捕捉儿童的敏感期》《如何说 孩子才会听 怎样听 孩子才肯说》《家长的革命》《爱和自由》等家庭教育书籍，自觉提升自身的家庭教育能力。

二、学会有效沟通

1. 启动积极正面的沟通方式

很多父母常常习惯用支配式的方式与孩子沟通，即习惯要求甚至命令孩子应该做什么，不应该做什么。但是，往往不仅达不到想要的效果，而且适得其反，得到的恰恰是孩子的反抗和反感。有效沟通，应从支配式的语气转为商量式的语气开始。父母在与孩子沟通时，多一些表扬鼓励，少一些批评训斥。多用疑问句，少用祈使句。语气语调不宜高高在上，而应当平静缓和。少说"不"，多说"可以吗""你觉得怎么样呢"。例如：在孩子没有养成自主收拾整理能力，父母看到孩子的房间乱七八糟的时候，与其命令孩子："你不要把房间搞得乱七八糟！"或者抱怨孩子："你怎么就不能把房间收拾整齐呢？"还不如这样鼓励孩子主动承担责任："宝贝，你长大了，妈妈相信你自己的事情自己能做好的，对吗？"

2. 善用肢体语言

在孩子遇到不顺心的事情，无法控制自己的情绪而发脾气时，除了语言上的抚慰，肢体语言上的抚慰也很重要。在孩子发脾气的时候，父母切不可简单粗暴地制止，更不能训斥，也不要急于追问原因，而是先张开双臂，为孩子敞开一个安全温暖的怀抱，拥抱孩子，拍拍孩子的肩膀和后背，抚慰他紧张激动的情绪，或者轻轻地握着孩子的双手，用温柔的目光注视着孩子，让孩子平和情绪。

3. 用同理心去耐心倾听

当孩子发脾气的时候，父母一定要冷静，千万不要急于批评训斥孩子。父母应该第一时间安抚孩子的情绪，接着鼓励孩子打开心扉，说出内心的困惑。父母在倾听孩子诉说的时候，要设身处地地换位思考，用同理心耐心地倾听孩子的诉说。同时，在倾听的过程中，要适时给予孩子积极的回应，让孩子感觉到被尊重、被关注。

例如孩子因为作业太多了，发脾气，从而不愿意做作业。这时候，父母大可不必急于简单粗暴地发号施令或者批评说教，而不妨让孩子停下来，平心静气地跟孩子谈谈心，引导孩子敞开心扉，听听孩子的心声，然后这样鼓励孩子："上了一天的课，妈妈知道你一定很累了。嗯，我也觉得今天的作业有点多，的确有压力，我非常理解。别着急，我们可以想办法解决的。我们把容易做的作业先完成，难的作业妈妈辅导你完成吧！"

三、引导自主管理情绪，做情绪的主人

人非草木，孰能无情？喜、怒、忧、思、悲、恐、惊，这"七情"是人正常的感情表现和心理活动。生活中，每个人都会经历这些感情和心理的变化。可见，"怒"即常说的发脾气，是再正常不过的感情和心理表现了。既然无法避开"怒"这个不速之客，那就积极面对，学会善用正确的途径疏导情绪，释放压力，积极地与"怒"和平相处吧。那么，如何才能与"怒"和平相处呢？诚然，关键是学会自主管理情绪，做情绪的主人。父母不妨教会孩子掌握以下几种情绪管理方法，引导孩子在发脾气时，积极地、有意识地自我调整，摆脱"怒"的困扰。

1. 主动倾诉

生活中那些爱发脾气的孩子中，有一部分是因为太内向不善表达，或者意志力薄弱，畏难情绪较严重，遇到不顺心或者受了委屈就用发脾气的方式来表达情绪。对于这类爱发脾气的孩子，家长应该鼓励他们积极面对，大胆地敞开心扉，表达自己的需求，或者主动找人倾诉。

2. 冷处理

冷处理是主动回避，释放压力，舒缓紧张情绪的一种情绪管理方法。父母引导孩子当难以控制自己的情绪而发脾气的时候，可以自觉地劝告自己别搭理那些让自己发脾气的人和事，尽可能让自己心情平静一下，安定情绪。

3. 深呼吸

深呼吸可以减压，缓解紧张的情绪。父母要引导孩子学会用深呼吸法来调整心态，即当孩子发脾气时，可以主动调节呼吸的深度和频率。这能有效放松绷紧的神经，舒缓焦虑的心情。

4. 理性分析

理性是指人有自信与勇气冷静地面对现状，并快速全面地了解现实，分析出多种可行性方案，再判断出最佳方案且对其有效执行的能力。父母引导孩子，在发脾气的时候，不妨有意识地想一想：我为什么发脾气？发脾气可以解决这个问题吗？发脾气有什么好处和坏处？我还可以怎么处理这个问题呢？引导孩子学会冷静分析问题，理性处理问题。

5. 阅读

阅读是建构儿童认知能力的重要方式。没有什么问题是读一本绘本解决不了的，如果不能，就读两本、三本……与其空洞地说教，还不如和孩子一起捧起生动有趣的书本静静地阅读，在阅读中让孩子走进故事，体验人物的经历，从而明白事理。父母可以和孩子一起共读情绪管理类的绘本故事，如《生气汤》《菲菲生气了》《再见，坏情绪！》《生气的亚瑟》《脾气暴躁的熊》《野兽国》《江布朗和夜半猫》《我也呜嗷呜嗷地哭了》《莉莉的紫色小包》《爱捣乱的瑞克》《三只猴子》《豌豆不好惹》《罗拉要去非洲》《我好担心》《我好害怕》等。

6. 写日记

今天再大的烦恼，终将会成为昨天的云淡风轻。父母有意识地培养孩子从小养成写日记的好习惯，培养孩子在生活中留心观察，用心感受，并指导孩子动笔写一写生活中的所见所闻所思所感。日记本就犹如孩子的一位亲密而可靠的随时随地可以倾诉的密友，孩子通过文字或者绘画把生活中开心的事情或者难过的事情记录在日记本上，正如尽情地向一位密友倾诉。当把心中的所有情绪写出来后，你会发现内心将产生如释重负的轻松感。倘若能坚持写日记，某一天翻开日记本，回忆起一件件往事，所有的开心事将回味无穷，所有当时觉得难过的事都不再是事。因此，培养孩子从小写日记的习惯，这不仅是一个非常好的习惯，也是一个非常有益的抒发情绪情感的方式。

7. 绘画

绘画可以放松心情，减轻压力。绘画心理学指出，人的情感与心理可以通过绘画中的构图表现出来。特别是对于性格内向、不擅表达的孩子，父母营造一个安静轻松的环境，引导发脾气的孩子平静下来绘画，坏情绪将在绘画过程中转瞬即逝。甚至，父母可以凭借孩子的绘画分析孩子的情感和心理表现，并对孩子进行有针对性的心理辅导。在这里，推荐一本关于绘画心理学的书籍《绘画分析与心理治疗手册》，相信这本书可以帮助家长从孩子的绘画中读懂孩子的心理，并及时有效地与孩子沟通。

8. 游戏

游戏是孩子的天性，孩子总能从游戏中获得乐趣。当孩子发脾气的时候，父母可以和孩子玩游戏或者引导孩子自觉利用玩游戏的方式消除坏情绪，比如拼图、搭积木、走迷宫、玩飞机棋、做手工等。另外，父母可以通过陪伴孩子一起玩或者引导孩子玩情绪管理小游戏为孩子调整情绪，释放压力，比如释放气球、画情绪脸谱等。

通过画情绪脸谱等表达情绪，释放压力

9. 运动

运动能促进大脑分泌内啡肽。内啡肽是一种自然的类似鸦片的神经递质，因而被称为"天然的止痛剂"，能带来欣快感，有助于舒缓压力。因此，父母可以在孩子发脾气的时候，陪伴运动或者指导孩子自主运动，通过慢跑、跳绳、跳高、瑜伽、蹦床等运动释放压力。

10. 冥想

美国心理学家戈尔曼在《冥冥之中》一书中告诉我们通过冥想获得精神上的平静。冥想的关键在于有意识地把注意力集中在某一个地方，减少外界的干扰，让内心更加平静，从而掌握更强的情绪管理能力。因此，父母可以教会孩子在发脾气的时候学习运用冥想法来舒缓紧张的情绪。选择一个安静的环境，找一个舒适的姿态坐下或者躺下，闭上眼睛，平缓呼吸，大脑里想象一些让自己开心的事情，如此持续10～15分钟，坏情绪将逐渐消失。

11. 拥抱

当孩子发脾气的时候，父母不急于制止，而是为孩子张开宽阔的双臂，温柔地给孩子一个拥抱。孩子在父母温暖的怀抱中，能感受到尊重、理解、关爱和呵护，心理上有了安全感，情绪将会慢慢平复。

12. 哭泣

父母允许孩子有自己的情绪。父母要允许他们生气的时候通过哭泣发泄情绪。有些家长经常对小孩说："不许生气，不许哭。"这其实是不对的。他们需要把这些情绪发泄出来，哭泣是一种很好的发泄情绪的方式。

发脾气是消极情绪的一种表现方式，也是人们常见的情绪问题。以上推荐给家长的一些情绪管理方法可以帮助自己和帮助孩子学会自我管理情绪，提升正能量，以积极的情绪面对生活，减少消极情绪的困扰。

其实，不管运用什么情绪管理法，最重要的是家长首先要学会管理好自己的情绪，以身作则，给孩子以潜移默化的正面影响；其次要理解孩子的情绪，和他一起处理情绪，帮助孩子学会管理情绪，才能收到良好的效果。

最后，祝愿大家都能学会管理情绪，做情绪的主人，用积极乐观的心态去迎接生活的每一天。

【结语】

每个人都是自己的心情魔法师，做情绪的主人，让人生洒满阳光。

参考文献

［1］陈晋东，严虎. 绘画分析与心理治疗手册［M］. 长沙：中南大学出版社，2019.

［2］［美］马歇尔·卢森堡. 非暴力沟通［M］. 阮胤华，译. 北京：华夏出版社，2018.

［3］［美］丹尼尔·西格尔，蒂娜·佩妮·布赖森. 去情绪化管教［M］. 吴蒙琦，译. 北京：机械工业出版社，2015.

孩子不愿订正错题怎么办?

□ 深圳市宝安区灵芝小学　徐亦昕

【案例】

期中考试结束之后,不少家长私信问我:"孩子成绩总是上不去,问题出在哪里?"我建议家长翻阅孩子的练习册,孩子是否做到了订正每一道错题?孩子是否有整理错题、分析错因的习惯?孩子是否在考前回顾过错题,花心思制作过错题本?

【支着儿】

大多数家长在看到孩子不理想的分数时都憋着一肚子气,看到孩子未及时订正的练习册更是一瞬间怒火攻心。孩子,"知错能改"有这么难吗?有一天,我让孩子们匿名写出自己不愿订正错题的理由。现在我们不妨先听听他们怎么说。

"我真的忘记了订正。"

"我没有听懂老师的讲解。"

"我忘记了老师在课上是怎么教的。"

"订正了还总是错,我不愿意翻到练习册的那一页。"

"我不敢问同学，怕他们笑话我。"

"我不敢找老师，怕老师觉得我烦，觉得我笨。"

可见，孩子没有订正错题的理由有很多，真正因为学习态度不好而懒得去订正的仅占少数。理由归纳起来有三点：第一，孩子没有完全理解错题所考查的知识点。第二，孩子的抗挫折能力弱，不愿意直面自己的错误。第三，孩子的自尊心太强，平时羞于开口求助。

了解了孩子不愿订正错题背后的原因，家长应该怎么做呢？

第一，保持冷静，正面反馈。家长收到老师的信息后，极容易将负面情绪带给孩子，不停地质问孩子的学习态度和听课效果只会让孩子更加抵触学习。相反，家长在传达老师的意思之前，可以先"翻译"一下，如将"孩子最近总是不订正错题"翻译成"老师说你最近上练习课很专注，这对你来说是不小的进步，要是你能用蓝笔将正确的答案写在旁边，之后的复习一定事半功倍"。正面的反馈可以引导孩子积极向上，努力让自身行为更贴合描述。

第二，分解目标，逐个击破。成年人在自己不擅长的领域，尚且需要一个摸索前进的过程。孩子尚小，家长们切莫怀着"一口吃成一个大胖子"的心理，不妨和老师协商一下，适当降低对孩子的要求，每天进步一点点，订正3～5题，能举一反三最好。这样做不仅消减了孩子的畏难情绪，还能帮助孩子逐渐建立自信心。

第三，启发思考，重视表达。在孩子写作业之前，家长可以鼓励孩子当"小老师"，将当天学习的内容"教"家长一遍，这不仅可以培养孩子的逻辑思维能力和口头表达能力，还能反映出孩子的听课效果。哪怕一开始孩子讲得结结巴巴也没关系，家长要耐心倾听，多多鼓励，静待花开。

第四，直面错题，查漏补缺。家长要引导孩子树立一种正确的思想观念："错题不可怕，可怕的是让错题从眼前一一溜走。"订正错题正是为了填补知识漏洞，不订正就会一次又一次在原地摔跟头。同时，家长还可以通过电话、短信询问孩子近况以引起老师的关注，明确在校时老师是如何要求的，只有家校配合，才能获得"1+1>2"的效果。

总而言之，面对孩子不愿订正错题的问题，家长应该先冷静下来，抱着理解和包容的心态与孩子沟通以获取他们的真实想法，激发孩子学习的主动性。同时，孩子哪怕有了点滴进步，我们都应予以充分肯定，为孩子加油打气。

【结语】

正所谓"教育无小事，处处有教育"。订正错题虽然是一件小事，却能见微知著，能让老师和家长看到孩子的学习态度，也能让孩子反思自己的学习过程。家校合力，方能促进孩子自主学习、自信成长。

奥数有必要学吗?

□ 深圳市宝安区灵芝小学　林　俐

【案例】

"老师，我家孩子数学学得太糟糕了，我打算让他去学一学奥数怎么样？""老师，我看到很多孩子在校外学习奥数，让我很着急，我的孩子是不是也应该学一学？""我孩子学的奥数太难了，我看他很吃力，也不知道对课内学习有没有帮助？"……因为身为数学老师又兼任班主任，经常会有家长询问我关于学习奥数的问题。当前各种校外培训机构把奥数学习吹嘘得神乎其神，难怪家长们有点弄不清方向。

【分析】

什么是奥数？官方的解释为奥林匹克数学竞赛或数学奥林匹克竞赛，简称"奥数"。从名称不难看出，奥数其实与数学竞赛有关，而不是我们很多家长所认为的给校内学习的"补缺补差"。资料显示：国际数学奥林匹克作为一项国际性赛事，由国际数学教育专家命题，出题范围超出了所有国家的义务教育水平，难度大大超过大学入学考试。有关专家认为，只有5%的智力超常儿童适合学奥林匹克数学，而能一路过关斩将冲到国际数学奥林匹克顶峰的人更是凤毛麟角。奥数对青少年的脑力锻炼有着一定的作用，可以通过奥数学习对思维和逻辑进行锻炼，对学生起到的并不仅仅是数学方面的作用，通常比普通数学要深远。单凭这些官方的权威解释，估计很多家长会让自己的孩子对奥数避而远之。但事实上，许多培训机构的奥数未必如此高深莫测，其对外宣传的口号必定是每个孩子都适合，每个孩子都能有所提高，这与其商业利益有一定关联。既然是奥数培训，必定得围绕奥数内容展开教学。无论参加培训的孩子是否以参与奥数竞赛为目的，其学习的核心还是奥数相关类型题，否则就与奥数的概念毫无瓜葛。当我们真正了解了奥数学习的内涵时，就该认真地去思考，奥数是否真的适合自己的孩子？

【支着儿】

首先，家长需要对孩子的学习能力有全面的了解。奥数虽然对青少年的脑力锻炼有一定的促进作用，也有利于提升逻辑思维能力，但由于其内容比普通数学更有难度，所以并非所有孩子都能够接受。对于学有余力又对数学解题感兴趣的孩子，不妨鼓励他学学奥数，一来可以发展其数学思维，二来对于培养孩子解题能力、专注力和意志力也有一定的益处。

其次，奥数不是课内学习的"补缺补差"，它是一种难度更大的提高性学习。不少家长让孩子学习奥数的原因是孩子在校内的数学成绩不理想。造成数学成绩不理想的因素有很多，如没有养成良好的学习习惯、意志力薄弱、家长的关注程度、学习兴趣不高等。如果一味追求学习成绩而不去关注数学基础知识的学习过程，那么强加的奥数学习只会成为一种负担。久而久之，还会让孩子失去数学学习的兴趣。

最后，正确看待奥数学习的过程与结果。奥数学习的作用不是立竿见影的，每个人学习的效果也不尽相同，如果您的孩子在学习过程中特别反感，奥数成了孩子的一块心病，但由于家长的逼迫，只能硬着头皮勉强上着。这种情况下，应立刻终止。与奥数学习相比，保持孩子对数学学习的兴趣更为重要。另外，家长还需抛开奥数竞赛获奖的功利心理，着眼于孩子长远的发展，好的学习态度、良好的学习习惯才是伴随孩子一生的"利益"。

【结语】

综上所述，我觉得有能力、有时间、对数学有兴趣、有数学专长的学生可以学奥数。奥数并不适合所有学生，家长在选择的时候需谨慎。

孩子做作业拖拉怎么办？

□ 深圳市宝安区灵芝小学　叶小美

【案例】

老师，您好！孩子四年级了，做作业拖拉的习惯让我们十分头疼。他每天放学回家先是磨蹭，需要我们催促他做作业。他写作业的时候也总是拖拖拉拉的，抠抠橡皮，咬咬笔杆，本来20分钟的作业硬是花了2小时完成，学习成绩也有所下降。这让我们家长非常焦虑。有时候越催他，他反而越慢，甚至跟我们顶撞对吵。现在为了他做作业的事情，经常搞得家庭气氛紧张，我们都不知道该怎么做了？

【分析】

做作业拖拉的孩子，家长是看在眼里，急在心里，经常会忍不住催促孩子做作业，甚至想帮他们完成。面对这种情况，家长首先要了解他们的心理特点，合理地调整和控制自己的情绪，不要一味地唠叨，否则就很容易制造出紧张焦虑的家庭气氛，也容易让孩子产生逆反心理，你越催促，孩子做作业可能会越慢。

那么，孩子做作业拖拉，到底该怎么办？

【支着儿】

1. 寻找原因，接纳孩子

家长要善于用孩子喜欢的方式和孩子交流，找到做作业拖拉的原因。其实孩子做作业爱磨蹭，主要原因是习惯和学习内容掌握不清带来的心理问题。

所以，家长首先要摆正心态，接纳孩子做作业过程中出现的问题：书写不规范、作业不会做、做错等，切勿着急指责。例如，孩子数学作业不会做，先鼓励他动脑筋再想想，如果他还是不会，教他怎么解题，让他照着做一遍就好。

接纳孩子的不完美，还需要尊重孩子的天性，给他留足玩和休息的时间。因为只有当孩子内心的需求得到满足了，上课和老师的配合会更好，听课认真，作业完成得好，获得表扬，这样就能产生良性循环了。

寻找原因，根据孩子的作业量和年龄特点，建议家长与孩子商量制定出合理的作业时间表，遵循"循序渐进""鼓励"和"接纳孩子"的原则，帮助孩子养成良好的做作业习惯。

2. 用好习惯来代替坏习惯

习惯问题该怎么办？只有一种办法——用好习惯来代替坏习惯。比如，家长可以帮助孩子掌握一些时间管理的方法。

首先，和孩子一起制定时间计划表。先了解孩子的作业有几项，估计作业的难易程度；再帮助孩子梳理作业顺序，可以把作业分为三个阶段，第一阶段和第三阶段为容易完成的，第二阶段是较难完成的作业。因为容易的先做，孩子可以感受到作业减少了一部分，提高了孩子做作业的积极性和自信心。当第二阶段较难的作业也完成了，那么对孩子而言，最后一部分容易的作业就很轻松了。

其次，家长跟孩子做好约定。第一阶段作业20分钟可以完成，如果你能在20分钟完成，就给你玩10分钟；如果你用15分钟完成，就可以玩15分钟；如果你用25分钟完成，那么你只能玩5分钟。第二阶段作业需要30分钟，如果你在20分钟写完，你可以玩20分钟；如果你30分钟写完，你可以玩10分钟。总之，给孩子两个选择，越快完成作业，玩的时间就越多，越慢完成作业，玩的时间就越少。

当然，孩子完成作业快了，家长也需要检查，如果有错误，就要扣除几分钟的玩乐时间。

3. 营造一个良好的学习环境

家长要有耐心和信心为孩子创造良好的学习外部环境，给孩子一个轻松的学习空间。

孩子写作业的房间不能有玩具，文具也要尽可能简单。很多家长喜欢在孩子做作业的地方放上一些食物让孩子随时补充能量，完全没有必要。孩子的书桌上除了必要的纸、笔、尺子之外，其他任何东西一概拿走。

高年段的家长还需要把自己也清理掉，因为一个有智慧的家长会勤检查结果，结果是过程的反馈，结果会告诉你一切。而作为低年级的家长就要打开正确的陪伴模式——多点耐心，多给自信。

低年段孩子的学习坚持性和注意力的集中程度是有限的，家长的陪伴对孩子是一种支持。在养成习惯初期，家长的参与是必需的，在孩子学习过程中，家长可以帮孩子克服困难、提供方法，在完成时跟孩子一起庆祝等，这些都有利于为孩子营造一个积极的学习环境。在这个过程中，学习的地点、时间尽量要一致，当建立起良好的生活环境和规律时，家长便可以慢慢放手，让孩子按习惯学习了。

【结语】

每个孩子都是独立的个体，关于孩子做作业拖拉的问题，没有一种方法是适合所有孩子的，只有适合孩子自己的才是最好的。作为家长，需要赏识孩子的优点，接纳孩子的不足，就事论事，不啰唆，尊重孩子，用心陪伴，与孩子一起成长，相信孩子总会朝着更好的一面发展。

孩子总与同学发生冲突怎么办？

□ 深圳市宝安区灵芝小学　欧　芸

【案例】

学生A："老师，有时候同学之间相互开玩笑，我总是会忍不住生气，最后矛盾不断升级，这该怎么办呢？"

学生B家长："孩子与同学发生冲突的时候，我们总是教育孩子不能还嘴，更不能还手，这样对吗？"

学生C家长："孩子与同学有时候会有口舌之争，我们该怎么引导孩子进行人际交往呢？"

校园的青葱时光里，虽有书声琅琅、欢歌笑语，但在这首缓缓流淌的青春之歌里，却也不乏针锋相对、唇枪舌剑的小插曲。美好与纯真、人际交往中的小矛盾在校园中总是交互存在，也正是在这一个个小插曲里，孩子们学会了成长，学会了更好地认识周围的人，学会了更好地处理身边的事，也最终尝试去和心灵中那个青春期里对抗着的自己握手言和。

同学之间矛盾争执的根源，往往只是来源于几句无意中的话语，甚至一个眼神、一次擦碰，抑或是道听途说造成的误会……孩子在校与同学发生冲突的原因有很多，有可能是性格使然，也有可能是情绪问题，解决此类争端的重点不仅仅在于追究谁对谁错，更重要的是作为老师和家长，如何在同学之间发生冲突之后，引导孩子自己去寻找错误的根源，尝试思考解决问题的方法，从而在解决问题的过程中，让孩子学会自己去处理复杂的人际关系，获得真正的心理成长。

【支着儿】

1. 人际相处和为上，让他三尺又何妨

曾经有一位家长向我询问，每次孩子在与同学发生冲突之后，她总是会先告诉孩子，同学之间的相处以和为贵，不管别人是否有错，我们都应该先忍耐，不应情绪冲动，因为口舌之争会使矛盾升级。但每次教育孩子之后，她总会思索犹豫，这种做法到底是对还是错？忍耐真的是孩子人际矛盾中最好的解药吗？

如果在每次孩子发生冲突的时候，不分对错，都让孩子一味忍耐，长此以往，在孩子正确的世界观、人生观、价值观体系还未完全建立的阶段，孩子容易觉得自己才是有过错的那一方。虽然这种方法能够减少孩子与同伴之间起冲突的次数，让孩子养成更加平和的人际交往心态，但是也会造成孩子产生懦弱、退缩等不良心态的后果。

那在孩子被欺负的时候，应该让孩子打回去吗？虽然这种方法能够让孩子不被同学欺负，但是孩子也容易在无规矩约束的情况下，滋生暴力的倾向，以为拳头能够解决问题。

所以，孩子在学校发生人际交往矛盾的时候，重点不仅仅在于指导孩子如何应对，更不是单纯地教孩子忍让或者还手，而是陪伴孩子一起分析矛盾的源头。让孩子知道，当正确地分析、归因后，最后，无论孩子是否选择原谅对方，家长和老师都是他们最坚实的后盾。

2. 课间闲争事，问心莫放休

事实上，在大多数校园矛盾中，双方都会觉得自己是对的一方，而对方才是过错方。在双方的情绪还未完全平稳下来的时候，可以鼓励孩子先平复心情，然后冷静地述说和分析产生矛盾的细节，同时从换位思考的角度去感受对方的情绪。

与孩子之间心灵的沟通，根本目的不仅在于解决本次问题，而且在于通过解决问题的过程，让孩子拥有换位思考的共情能力，下次、下下次，当老师、父母不在身旁的时候，孩子们也能有足够的能力去独立解决自己与同伴之间的问题和矛盾。

作为大人，我们可以先了解孩子内心的真实想法，而非一开始就判定对错。了解孩子的心声之后，再根据他们的想法采取相应的措施。更为重要的是，在了解孩子产生冲突的原因这个过程中，我们只有感知孩子内心的情绪，是后悔、愧疚，还是无所谓，甚至是兴奋、激动，才能更加敏锐地捕捉到孩子是否有心理危机的苗头，及时发现孩子的不良情绪，从而真正地引导孩子身心健康地成长。

3. 今日相决绝，明朝共谈笑。但许诉衷肠，达岸同舟渡

很多情况下，矛盾的双方并非真正是对立的、有敌意的，甚至很多时候他们在前一刻还是可以相互玩闹的伙伴。帮助孩子分析矛盾原因的过程，也是在帮助他们从对方的角度思考问题，和那个充满戾气的自己和解的过程。只有学会正确归因，正确疏导不良情绪，同学之间的相处才能够不存芥蒂，情绪平稳过后的他们回看那个不够理智的自己，往往会在不知不觉中变得更加成熟和稳重。

【结语】

解决情绪问题就像治理洪涝，如果不明其因，不解其果，无异于一味高筑堤坝，越是堵塞情绪，溃堤的可能性就越大，破坏也更为严重，只有疏导源头方为良策。找到争吵的根源，让孩子回忆自己情绪爆发的那一瞬间，平和地与孩子沟通解决问题的方法。在此过程中，让他们一步一个脚印，慢慢成长为更好的自己，才是漫漫教育长路上的众望所至。

第四章
高年段

04

所谓"深入骨髓"指的是孩子的修养已经成为一种不由自主的言行，一种情不自禁的本能，是孩子每一天与人交往的习惯方式。孩子懂得尊重别人，必然会赢得别人的尊重。"让人们因我的存在感到幸福"的人，也必然赢得更多的人生幸福。

——李镇西

孩子爱看书但无法自控怎么办?

□ 深圳市宝安区灵芝小学　李巧云

【案例】

每个班里，总有几个书虫，他们对书特别痴迷，一回到家，便把书包一放，从书柜拿出自己喜欢的书津津有味地看起来。有时看得废寝忘食，有时连作业都忘记写，在爸爸妈妈强烈要求下，作业也是马马虎虎地完成。在学校上课时，偶尔也把书藏在抽屉里偷偷地看。

父母看到孩子这样酷爱阅读，非常高兴，都以为这是一种爱学习的表现，认为读书可以提高成绩，但是当孩子过于沉迷于看书时，家长也开始犹豫了。到底该不该管？管了，孩子会不会不再爱看书？不管，任由其发展下去，会不会耽误学习？

【分析】

首先我们还是要清晰地认识到一点，孩子的阅读兴趣如此浓厚是好事，这是家庭教育和学校教育成功的表现。一个人想要学有所成，一个重要的法宝就是让读书成为习惯。这会让孩子受益终身。而当孩子不懂得控制时间，把大量时间都用在读书上，而忽略了作业的完成或形成不认真听课的习惯，这是孩子的自控能力还不够，需要家长及时引导。

所以，家长要在孩子读书成瘾之前，及时干预。那么应如何正确培养孩子的阅读习惯呢？

【支着儿】

一、培养孩子的自律能力

培养孩子的阅读行为时，家长还需同时培养孩子的自律行为，让孩子知道，自己要为自己的行为负责，不能随心所欲，也不能白白浪费时间。

1. 创设情境，让孩子的自控行为得到奖赏

父母在培养孩子的自律行为时，首先需要强化孩子的自律行为。当孩子出现自律行为时，可以嘉奖孩子，正强化孩子的自律行为。当孩子出现不自律的行为时，可以撤销一个愉快的刺激。例如，放学回到家后，孩子先完成自己的学业任务，再看课外书，父母就可奖励他爱吃的水果，在他失控时，则没收水果。这样正强化与负强化同时进行，能够有效约束孩子的自律行为。

2. 和孩子玩一些锻炼自控力的游戏

父母在和孩子沟通时，也可以采用一些游戏行为，孩子按照规则做游戏时，其实就是强化自控力的行为。那么，常见的自控力游戏有老鹰捉小鸡、捉迷藏、我说你做、123木头人等。当然，专门培养专注力的智力游戏也是很好的选择。

3. 鼓励孩子练习做计划

有效地计划自己的行为，是培养自律行为的一部分。家长可以鼓励孩子将自己的计划写下来，将计划分配到当天在什么时间，截至什么时间，完成什么事。写下来后，鼓励孩子完成自己的计划。这样多次重复，孩子自然就养成了为自己规划时间的好习惯。

二、积极鼓励，延迟孩子满足感

学会等待是人生智慧的重要一环。对于孩子来说，他们最先要学的是等待，就是延迟满足感。面对不当的诱惑时，能够学会忍耐和担当，就有可能追求到更大的成就。

家长在鼓励孩子的相关行为时，可以制定一系列规则，让孩子明白，什么是积极行为，什么是消极行为。例如，读书时可以制定规则，如果孩子做完作业再阅读，且周一至周五的阅读时间每天不超过1小时，那么可以给孩子一定的奖励。将孩子沉迷读书的行为加以延迟与控制，并给予适当的奖励，那么孩子就能够逐渐区分行为的好坏，从而主动做出正确的选择。

【结语】

孩子喜欢读书，不是一件坏事，但家长需要培养孩子的自律行为，延迟孩子的满足感，当孩子出现"读书上瘾"的征兆时，及时采取措施，培养孩子正确的读书习惯，才能让孩子更加健康地成长。

孩子上课不爱发言怎么办?

□ 深圳市宝安区灵芝小学 刘新新

我可以自学成才

【案例】

每当我上新课的时候,总会发现小A在埋头写着什么。于是,我走过去问他:"你在写什么呢?"小A:"老师,你看我的数学课本已经写到40多页了,你今天讲的内容我都会了。"

【分析】

小A自认为自己数学学得很好,并认为在课上自学是一件很值得骄傲的事情。一心沉浸在自学中,根本没想过要举手发言。

【支着儿】

对于小A的做法,老师不给予肯定和鼓励。与此同时,提问一个稍有难度的小问题,让小A吃吃瘪,从而体会上课认真听讲和举手回答问题的重要性。

简单的题别找我，有难题再说

【案例】

小B很聪明，但课上却很少发言，我不明原因，只好和小B的家长沟通，我问道："小B上课不爱发言，能否帮忙了解一下是什么原因？"后来，听小B妈妈反馈说："孩子说课上老师提的问题太简单了，不想回答，等提到了难的问题时再回答。请问老师，这该怎么引导呢？"

【分析】

小B给自己的定位是一名数学高手，所以不想回答简单的问题，只想在难题的解决上展现自己。

【支着儿】

首先，老师和小B讲清楚，在我们平时的课上大多会提问一些基础问题，不是每一节课都有很多的难题，所以不要因此错失很多发言、展现自己的机会。其次，告诉他："老师也很喜欢解决难题，课后的时候能否把我们的难题、有意思的题目互相分享呢？"相信小B听了这样的话会有所改善，同时也有助于构建良好的师生关系。

走我的神，让别人说去吧

【案例】

小C是个很爱走神的学生，上课听讲听着听着就走神了，所以在课堂上基本看不到他举手发言。

【分析】

爱走神是很多小学生的通病，注意力不够集中，也不会举手发言。

【支着儿】

对于小C这样爱走神的学生，首先，老师要有耐心，在课堂上应该多关注。尝试用不同的方法去提醒他，如提问题点名回答并耐心引导他回答问题，能正确回答所提问题时，老师借机给予表扬和鼓励。在此过程中，让他体会老师的用心鼓励和答题给他带来的成就感。其次，对于小C这样爱走神的学生，一定要多与家长沟通，家长在家要多开展提高孩子注意力的活动或者小游戏。家校配合，才能更好地帮助小C这样爱走神的学生。

老师，我有点跟不上

【案例】

班上的小D同学，学习认真刻苦，但很"慢"：讲话"慢"，做题速度"慢"，思考"慢"。在一次我提问她的时候，她无助地回答我说："老师，我认真听了，但没有听懂。"

【分析】

小D这样的学生，在学习简单的内容时能快速地回答出问题，但当题目稍有难度的时候，思考和理解都需要充足的时间。

【支着儿】

对于小D这样的学生，老师在课上应该多关注，多与她进行眼神沟通，从她的眼神和行为举止中获取反馈信息。如果一旦出现求助的眼神或摇头，说明她已经跟不上老师的讲课节奏，老师要做适当的调整。比如，重新把此知识点详细讲解一遍，直到她点头确认。还可以提问其他同学，通过其他同学把内容复述一遍，引导像小D这样的学生再认真听一遍。

我讨厌数学

【案例】

我不喜欢数学课，数学课太枯燥无聊了……

【分析】

每一门学科，不乏学生像上面案例中那样。对一门学科都不感兴趣，更不用说在课上回答问题了。

【支着儿】

对于以上情况，我是这样做的：首先，对数学课堂进行改进，尽量使数学课堂更加有趣、丰富；其次，我会给孩子们介绍伟大的数学家以及数学的美，让孩子们心生崇拜和欢喜；最后，在课堂中联系生活实际，让学生感受生活离不开数学，体会数学的重要性。

我不喜欢我的老师了

【案例】

小E以前是个很积极的学生，但是有段时间我发现：他在我的课上不愿意举手回答问题，貌似还对我有点抵触。于是，我找他聊天才得知：他觉得最近因为自己的淘气，我越来越不喜欢他了。因此，他也不喜欢老师了。

【分析】

学生如果不喜欢老师，那又怎能在课堂上愿意回答问题呢？

【支着儿】

老师平时多观察，发现像小E这样的学生，主动找他谈心聊天，分析问题原因，找到解决办法，并和他做朋友。

老师总不叫我，举手也是白举

【案例】

低年段的部分学生在课堂上难免会出现这样的情况：在前半节课中十分积极地举手回答问题。但由于前半节课没有被叫到回答问题，后半节课则噘着小嘴，变得一点都不积极了。

【分析】

以上情况，在学生中属于常见现象。

【支着儿】

首先，在平时的课堂上正确引导学生，一次没被叫到回答问题没关系，总会被老师发现和叫到的；其次，老师自身要把控好课堂，争取少出现这样的状况。课上可以多创造一些回答问题的机会，给积极举手要求回答问题的学生以更多的鼓励，不打击他们的积极性。

平时我就话少，课上别让我发言

【案例】

有个别学生性格内向，胆子较小，平时就很少在众人面前讲话，所以在课堂上也总是默默无语，从不举手回答问题。

【分析】

学生上课不发言与性格有关，教师不能心急，需正确引导。

【支着儿】

积极和家长沟通，共同鼓励、培养和提高学生的积极性。教师在校可以给这类学生安排与性格活泼的同学一起玩，让他们多交朋友。在此过程中，学着敢于表达，在课堂上也多鼓励这类学生回答问题。家长在家正确引导孩子，陪孩子一起表达自己、展现自己。一个人的性格或许不会被轻易改变，但积极向上的状态是可以培养和提高的。

【结语】

孩子的成长与改变，永远离不开老师和家长的正确引导。

孩子乱花零用钱怎么办？

□ 深圳市宝安区灵芝小学　曾吐容

【案例】

小乐拿100元零用钱买了一些玩具和零食分给小伙伴。听了后我觉得很惊讶，小乐在老师眼里是一位乖巧活泼、懂事有礼的孩子，大概是一时贪吃贪玩才做出这样的事情。如果没有处理好，必将产生严重的后果，孩子的零用钱真的需要好好地管理。

【分析】

怎么使用零用钱是很有讲究的，要让孩子懂得钱是来之不易的，无论小钱还是大钱，用钱要遵循有计划、合理的原则。孩子渐渐地长大，学会管理零用钱是必要的，家长给孩子零用钱必须是适量的，给孩子零用钱不单是满足他们的好奇心、买东西的欲望，更多地要教育孩子如何计划、合理使用，教孩子正确使用零用钱是父母的责任。

【支着儿】

1. 教孩子，钱是来之不易的

跟孩子讲道理，钱是爸爸妈妈努力工作、辛勤劳动得来的，甚至有时还要加班到深夜，才能获得，才能保障全家的各种生活需要。

2. 和孩子商量约定零用钱的数额

父母总想把最好的都给孩子，在零用钱上满足孩子的要求也无可厚非，但在给孩子零用钱时，一定要有节制。随意多给，有求必应的做法，耽误孩子从小养成良好的金钱观。应给多少零用钱，数额应根据孩子的日常消费来预算，控制在孩子有能力支配的范围之内。和孩子商量约定每星期一定量的零用钱，这样可以使孩子做到心中有数。随着孩子年龄和责任心的增长，给孩子的零用钱也可逐步增加。

3. 鼓励孩子赚零用钱

利用课余时间，如果孩子主动做家务，如打扫卫生、洗碗、洗衣服等，利用自己的劳动可以适当获得相应的零用钱。要让孩子知道，只有劳动，才能取得收获。

4. 教孩子如何使用零用钱

让孩子做好使用零用钱的计划，孩子自己挑选喜欢的本子作为记账本，每天认真记录支出的钱款和余额，如果孩子能做好，家长要及时给予鼓励和肯定，并指导孩子把零用钱用在哪些地方合适，让孩子及时调整消费。

5. 鼓励孩子储蓄零用钱

孩子逐渐习惯记账，通过家长的引导，慢慢懂得规划零用钱，家长要适时地培养孩子储蓄的习惯。给孩子买一个漂亮的储蓄罐，告诉他这个储蓄罐会完成他很多"梦想"：如果他想要一辆滑板车，需要往这个罐子里存够钱；如果他想要一套模型玩具，也需要往这个储蓄罐里存够钱。让储蓄罐与孩子的小小"梦想"联系起来，这样对于储蓄就多了一份动力。

【结语】

家长引导孩子正确使用零用钱，是培养孩子理财能力的最好时机。只有孩子知道零用钱来之不易，才懂得珍惜，学会勤俭节约。

孩子乱花钱怎么办？

□ 深圳市宝安区流塘小学　邹小苑

【案例】

五年级小A家长：老师，您好！我们每个月都会给孩子一些零用钱，他总说不够用。平时家里的零食、饮料、水果，我们定期都会买好，但他放学时经常都去小店买一些零食吃，有时请同学吃东西，随便乱买玩具，甚至参与抽奖。最近还迷上了网络游戏，经常私自充值游戏币，对钱没有概念。

【分析】

我们有很多家长认为，小学生对钱没有概念，不能让孩子过早学会花钱，不能给零花钱，导致一些孩子向同学借钱，偷偷拿家长的钱，甚至变卖自己的玩具、文具获得金钱。也有些家长认为，对孩子花钱无须控制，孩子手中的钱多到令人吃惊，互相攀比、摆阔，导致花钱大手大脚，对金钱没有概念，或者想买什么就买什么，对买来的东西也是想扔就扔，导致问题层出不穷。

我经常在网上看到很多熊孩子花大笔钱打赏主播、充大笔钱玩游戏的新闻。金额一个比一个大，如江苏9岁双胞胎上完网课后偷偷玩游戏充值了14000元。山西大同10岁男孩在上网课的时候偷看抖音直播打赏了10万元给主播。深圳11岁女孩打赏男主播200万元，直到妈妈50万元额度的信用卡欠费了才被发现。

教育家默克尔说："金钱教育是人生的必修课，是儿童教育的核心，就如同金钱是家庭的重心一样。"在小学数学教材里，二年级要求对人民币要有一个系统的认识。认识分、角、元的单位概念和进率以及经历简单购物的体验。小学生是消费者，家长都会给孩子一些少量的零花钱。如过年的压岁钱，平时表现优秀获得的奖励，参加家务劳动后获得的报酬。根据不同的年龄段，每月也固定给孩子一些零用钱。根据皮亚杰的认知发展理论，一般低年段学生的思维正处于具体运算阶段，对人民币要有一个正确的认知，必须通过有效的感知才会有创造性的输出，因此体验独立购物，自由支配和使用零用钱非常有必要，而且还可以对孩子进行初步的财商启蒙教育。

【支着儿】

《富爸爸穷爸爸》的作者罗伯特·清崎说："如果你不教孩子金钱的知识，会有人教他的。如果让债主、奸商、警察甚至骗子来代替你进行这项教育，各位家长一定会付出惨重的代价。"孩子毕竟是孩子，他需要一边学习，一边长大，花钱也是同样需要学习。与其担心孩子乱花钱，不如教会孩子如何花钱，这也是成长的必经之路。教孩子使用零用钱是为了让孩子学会如何预算、节约和做出消费决定的重要教育手段。如何教会孩子合理使用零用钱呢？以下建议供大家参考。

1. 以身作则，勤俭持家

有一个手工匠，手艺一绝，做出来的作品不但精致，而且耐用，所以生意很不错，赚的钱也不少。可是，钱却老不够花。手工匠有个邻居，是个远近闻名的大富翁，据说这个富翁曾经是个穷光蛋，后来却富起来了。于是，手工匠便上门去请教："我该如何才能变得有钱？"富翁听后，笑着说："这个一言难尽，说来话长了，不过也很简单。你先等一等，让我先把灯关了，再详细对你说。"说着，富翁顺手就把灯关了。手工匠是个聪明人，他立刻醒悟过来，黑暗中，他兴奋地站起身说："先生，太感谢您了。我已经全都明白了。所谓的成功致富之道全在于'勤俭'二字，是吧？"

美国的洛克菲勒家族拥有的财产难以计数，但是老洛克菲勒每个月才给儿子几美元零花钱。有人问他："你这么多钱，为什么还要如此吝啬？"洛克菲勒回答说："这不是吝啬，而是责任。我之所以这样做，是要让他从小就知道，钱来之不易。只有养成节俭的习惯，长大后才能有所作为。"

勤俭节约是美德，孩子应该从小就养成勤俭节约的好习惯。在幼儿园时，要自觉爱惜玩具、图书、文具等财物；上了小学，就应该避免养成乱花钱的坏习惯；在中学阶段，生活简朴、不摆阔绰、不盲目攀比、不向父母提出过分的经济要求等。如果家长懂得当用则用、该省则省的道理，在购物时也要分清楚重要、必要的东西才买，不买一些用不上的东西堆在家里，不随便丢东西，确实需要处理的旧物品、闲置物品，可以利用网络平台、二手市场交换和转卖，避免浪费。让孩子不乱花钱，父母首先要做到，父母的一言一行，孩子都会看在眼里，记在心里，对孩子影响很大，所以，家长以身作则，特别是在孩子面前，更不能大手大脚地花钱，也可以跟孩子谈谈工作中的艰辛，赚钱没有想象中的那么容易。

2. 因龄施教，合理计划

让我们借鉴一下犹太人对孩子金钱教育的一般过程：3岁，在父母的教导下，学会辨认硬币；4岁，在父母的陪伴下，学会用硬币买简单商品；5岁，知道管理少量零花钱，知道钱是劳动得到的报酬；6岁，会识别大小面额的纸币，知道简单的零钱找换；7岁，懂得阅读价格标签，确认自己有无购买能力，保证找回的钱数正确无误；8岁，知道估算所要购买物品的成本，知道节约以应对近一个月内的需要，懂得在银行开户存钱；9岁，知道制订简单的每周开销计划；10岁，知道每月储蓄小笔钱，在必要时购买较贵的物品；11岁，知道进行较长期的银行储蓄，学会计算利息；13～15岁，知道如何进行预算、储蓄和初步投资。

对于孩子的压岁钱，数额较大的情况下，家长可以给孩子进行储蓄，存进银行赚取利息，也可以购买一些理财产品。对于每个月的零用钱，数额要适当，要根据家庭经济状况和孩子合理的开支统筹考虑，多给会养成大手大脚花钱的习惯，少给又不能满足孩子正常的合理的需要，还可能引发孩子私自拿钱和偷窃的行为。可以定期给孩子零用钱，一个月1～4次，让孩子学会如何预算，会做出消费决定。

3. 了解金钱，学会储蓄

有的父母小时候家里条件艰苦，现在有了经济能力，于是千方百计用物质条件满足孩子，以弥补自己儿时的遗憾。也有的父母因为陪伴孩子的时间少，心里感到惭愧就买很多的礼物、玩具，用物质来弥补孩子。这种爱的方式会让孩子出现很多问题，如大手大脚花钱，对金钱没有概念，认为钱用完了，到银行取出来就行了，或者认为钱在手机里，输入密码就可以转出来。上一年级的时候，学校和家庭应该共同教育孩子认识人民币，人民币是生活的必需品，父母的钱是如何赚来的。家长可以通过家庭账本记录家庭的收入支出情况，让孩子参与家庭的财务管理，可以利用假期让孩子当家一个月，从衣食住行的费用开销，一点点、一笔笔地让孩子亲身经历，亲眼看见家庭的财务支配。也鼓励孩子进行消费记账，适当学会储蓄。还可以利用自身小时候储蓄或者身边成功人士的案例，告知孩子积少成多，今天预备明天的储蓄的重要性。如我母亲常常会跟人讲：我读书时，就会把每个月的伙食费储蓄一部分，到母亲节的时候，给她买礼物的例子。又如我有一个堂妹，大学刚毕业，自己就在老家买了一套房子，首付是她读书时打暑假工和平时节余的生活费。从而让孩子明白金钱是一种资源，珍惜金钱，学会适度用钱。

4. 安全消费，保障权益

零用钱给了孩子，那就是孩子自己的钱。父母应该尊重孩子对自己物品的所有权和使用权。但是，因为孩子年龄小，父母应该提供指导，认真倾听孩子的想法，听听孩子准备怎么用这些钱，用法是否合理，用途是否正当。如果方向跑偏了，父母要及时引导。如引导孩子识别食品包装袋的质量安全标志，购物要到信誉较好的大型超市，不购买"三无"商品，不购买过期商品，让孩子明白食品、玩具、文具的质量安全对健康的重要性。

随着社会的发展，科技的进步，网络购物为我们提供了前所未有的方便和快捷，小学生也开始自己的网购之路，网上消费、网上购物已非常普遍，因他们的自制力、辨别是非的能力有限，家长要与孩子约定：为防止被骗，买什么要告知家长，家长为孩子购物把关，引导孩子按需购买，适度消费；计划用钱，克制消费；货比三家，精明消费，这样才能保障自己的消费权益。网络中特别是系统信息提示的抽奖、网络游戏充值点卡、直播刷礼物、校园贷、套路贷，要根据年龄特点，引导孩子正确认识和了解网络消费陷阱，学会对自己的消费行为负责。

【结语】

零用钱其实并不是可怕的魔鬼，而是我们让孩子树立良好金钱观的第一步。孩子通过使用零用钱的体验，真正明白钱的概念，从而学会有计划、理性地消费，提高自主意识，实现自我价值，赢得更广阔的未来。

参考文献

张烨. 犹太父母育儿经［M］. 北京：北京时代华文书局，2016.

孩子愿自主学习，不愿家长管怎么办？

□ 深圳市宝安区灵芝小学　钟　颖

【案例】

孩子已经上五年级了，学习习惯的养成也基本到位。父母对孩子学习的监督也较为放松，大部分学习时间都由孩子自由安排。然而，当父母百忙之中抽空来关心一下孩子的学习情况时，却发现孩子已经不愿意让父母了解更多的学习情况，不仅不期待父母的关心和表扬，反而更希望父母不要管他，让他自主安排学习生活。但通常孩子的作业情况都不如父母想象中那样让人放心。

【支着儿】

到了小学生活的中高年段，不少孩子都会出现家长所说的"叛逆期"状况。通常有如下表现：开始频繁顶撞家长，态度强硬，对家长的决定产生怀疑，甚至出现一些攀比心理；学习上不愿家长插手，表示自己可以安排好一切，等等。很多家长都会觉得到了这个时期，从前的"乖儿子""乖女儿"开始叛逆了！

其实，家长眼中的"叛逆期"是孩子正在逐步建立自己的世界观和价值观，他们正尝试面对成人世界大胆地发出自己的声音，不再一味地听从父母的指令，而是有了自己独立的思考。他们的拒绝和质疑，也许只是希望和成人之间有一个平等对话的机会。所以在这个阶段，家长要非常重视，但不要过分慌张。

孩子愿意自主学习，本身是一件非常值得肯定和认同的事情，说明孩子开始管理自己的学习生活，不再是事事依赖父母的小朋友，可以独当一面了。首先应该鼓励和赞扬孩子有这样的想法，也要表现出作为家长对孩子的信任，相信他有这个能力可以进行自我管理，让他树立起足够的自信心。不要一开始就对孩子进行全盘否定，特别是"小孩子懂什么"这些用语千万不要在日常沟通中使用。孩子如果长期被灌输"小孩"与"成人"之间有明显的差别和分界，会逐渐对成人群体产生敌意，不愿再接受成人的帮助，不再想去探索成长后的世界，反而会厌恶，产生消极心理。

当然，家长在赞扬和肯定后不能就此放手不管。孩子开始有了自主管理的意识，并不代表他们具备了能够管好自己的能力。这时候就要和孩子定好规矩，要跟孩子有理有据地约定，而不是用成人的身份来压制。例如，完成作业的过程可以由孩子自由把握，但完成作业后还是需要父母检查。或者当孩子提出已经不需要家长检查作业时，家长可以给孩子提供一个努力的目标。比如，如果你本周的作业在没有父母检查的情况下可以全部完成并完成得很优秀，得到了老师的表扬，那么下周父母就可以放松对作业的检查，可以给你更多自由安排的时间；如果中间出现了自主管理漏洞，父母还是要按照约定进行干预，直到你再次表现出有能力自主管理好学习为止。这样提前约定好，可以避免孩子产生逆反心理。

【结语】

这是一个持续的过程，也是一个和孩子磨耐心的过程。没有一蹴而就的教育，也没有一蹴而就的成长。如果孩子在家里得到一个和成人平等对话的待遇，在家庭中习惯遵守互相约定的规则，就很少会出现对父母的"反抗"，对他世界观和价值观的建立会有潜移默化的正面影响，对良好学习习惯的培养也会有积极的作用。在良好的家庭秩序里，在不久后的某一天，孩子真的养成了自主学习的好习惯，这才是双赢。

如何进行语文基础知识积累？

□ 深圳市宝安区灵芝小学　邹彩艳

【案例】

老师，我家娃每次背诵时，明明背了好几遍却仍然很不熟练；每次默写时，明明花了很多时间，可还是错字连篇。不但基础知识积累得少，而且忘得很快。到底该怎么做，孩子才能积累好语文基础知识呢？

【支着儿】

背古诗，默写字词……基础知识的积累对于孩子特别是低年段的孩子来说无疑是很无趣的，而且辛辛苦苦积累完之后可能睡一觉就忘记了。积累基础知识没有捷径，只要换一下积累的方式，往往就能事半功倍。那我们应该怎么做呢？

首先，坚持为基础知识留点时间很重要。我们知道，在语文学科中，有许多内容都属于基础知识，如生字词、古诗、谚语等，这么多的基础知识，孩子不可能一下子全部掌握，因此每天花一点时间来背诵和默写是非常重要的，特别是当天的课后作业中如果有这一类的作业，就一定让孩子花足够的时间把它掌握。

其次，寻找一些有趣的方法或游戏，为基础知识的积累增加趣味。一直不停地背诵或默写基础知识是很枯燥的，因此我们可以为基础知识的积累寻找一些有趣的方法。

例如在古诗方面，可以在家里与孩子一起玩"飞花令"的小游戏。可以每次设定一个主题字，一人说一句带有这个字的古诗，主题字的设定可以由易到难，使孩子在游戏中积累许多的诗句。或者选定一个诗人，轮流背一背这个诗人的相关诗句，积累诗人的不同古诗。

例如在字词方面，在课本字词表中挑选10个词语，通过不提到词语中汉字的方式将词语表达出来，可以用身体摆动辅助，看谁能在最短时间内答出10个词语的内容。这个游戏特别适合低年段的、喜欢从游戏中找到满足感的孩子。

在平时我们可以融入基础知识的积累。在生活中，我们可能会遇到许多错别字，如有些餐厅或商店会为了趣味性故意写一些错别字。在遇到这种情况的时候，与孩子多交流，及时指出错误并纠正过来，说一说为什么要写这个错别字，做生活中的有心人。

最后，就是不断复习与巩固。记忆是会骗人的，只要你一段时间不去回忆复习，你所掌握的基础知识可能就悄悄溜走了。只有不断地温故知新，回忆复习，把基础知识掌握得滚瓜烂熟，一遇到就能马上反应过来，才算是真的过关，因此花时间复习与巩固也是一个必要的环节。

只要我们能够掌握好语文基础知识，相信在语文学科的学习上就会更加有信心。只要有了信心，再加上平时的努力与积累，还有什么困难能阻挡你学习的脚步呢？

【结语】

学习是枯燥的，但我们可以使它变得有趣；学习之路是漫长的，但我们可以使路上充满惊喜。陪伴孩子学习的过程并不简单，在这个过程中，我们可以多思考，多尝试，多找方法，让孩子真正爱上学习。

孩子不会合理安排时间怎么办?

□ 深圳市宝安区松岗第一小学　文诗婷

【案例】

丁丁是一名小学生，到了四年级，学业较以前重，每天放学回家妈妈总是催促丁丁快点写作业，丁丁虽是满口答应，可是写作业时总喜欢摸摸这里，碰碰那里，到了吃饭时间都没完成，往往要拖到很晚才完成作业。丁丁妈妈为此相当头疼，希望丁丁能懂得合理安排时间，自觉完成各项事情。

不少家长经历着这样的"斗争"，每天苦口婆心地告诉孩子要懂得把握时间，珍惜时间，从而催促着孩子完成各项任务，可孩子总是表现出一副无动于衷的样子，更加激化了父母的情绪，为孩子的行为感到生气。

那么，作为父母，应该怎么帮助孩子学会合理安排时间，掌握管理时间的方法呢?

【分析】

时间是什么?

父母要帮助孩子形成时间是什么的概念，在没有帮助孩子形成时间概念前，"一寸光阴一寸金"的道理对于孩子来说是一个虚无的概念。从孩子的自身认识出发，时间是抽象的，他们无法触碰，也无法言说，他们无法感受时间的紧迫性。

那么，如何帮助孩子形成时间概念呢？

现实生活的时间量化，让孩子意识到时间的重要性。生活中有许多场景，可以帮助孩子去留意时间的流逝，在吃早餐时，明确时间，现在是7点钟，你有15分钟的时间吃早饭，15分钟后必须出发去上学，不然就会迟到。在这样的过程中，孩子就会逐渐形成概念，15分钟有多长，每天7点15分前必须完成吃早饭这件事情，以确切的时间点来约束自己。

在明确时间点后，他就会形成概念，在什么时间内必须完成什么事情。在这个基础上，再帮助孩子进行时间管理，将生活中的时间点进行划分，每天什么时间点前完成什么事情，这就是简单的时间管理的概念：在规定的时间内必须完成规定的事情。父母与孩子协商好奖惩机制，形成规矩后，孩子就能够在规定的时间内完成事情。当然，每个人总是会有惰性的，当孩子没有完成时，父母要适时地让他受到惩罚。在教训中汲取经验，这也是成长过程中宝贵的经历。

此外，父母还可以利用碎片化时间来帮助孩子养成良好的习惯。睡前的小故事，刷牙时播放的英语儿歌，吃完饭后的益智亲子游戏等，通过这些小活动，孩子认识到短短的时间也可以完成平时他所喜欢的事情，养成良好的习惯，他也就更加明白珍惜时间的意义。

【支着儿】

教给孩子合理安排时间的方法。

除了常用的计划表，让孩子参与到每日的行程计划当中，让他有成就感和参与感之外，更重要的一点是家长要学会转变观念，从包办所有事情中抽身，学会在旁边观察，适时伸出援手，在细节问题和注意事项上适时提醒，允许试错的机会，更好地培养孩子的独立和自觉。

另外，计划表、时间表这些小工具可以帮助孩子将需要完成的事项可视化，家长还可以根据时间管理的"四象限法则"，教导孩子把事情按轻重缓急划分好，什么事情是紧急的，必须现在马上完成的，什么事情是可以迟点做的。这也能帮助孩子在日后面对繁重的学业时，学会时间管理。

家长还可以利用音乐等孩子喜欢的声音代替父母的催促，让孩子在规定的时间内完成事情，等到约定时间时音乐声就会响起。用音乐代替催促，会减少亲子之间的冲突。这是约定的意义：合理安排时间就是需要在一定的时间内完成任务。

【结语】

时间观念缺失的孩子在生活和学习上会缺乏条理性。孩子懂得合理安排时间，学会自律，在日后的生活和学习中懂得自我管理，从而走得更加自信和从容。

孩子偏科怎么办？

□ 深圳市宝安区灵芝小学　赵闽楠

【案例】

小明拿着成绩单递给妈妈，妈妈看到小明的成绩，一半欢喜一半愁。欢喜的是小明的语文成绩非常好，在班上名列前茅，作文更是常常被老师拿来当范文进行朗读。而愁的是小明的数学成绩，和语文成绩相比差距太大，几乎是班上的倒数几名。为此，小明的班主任已经和小明的妈妈联系过数次。小明也一再在妈妈面前保证自己会好好学习数学，将成绩赶上去，可是结果却不尽如人意。

【支着儿】

木桶理论是我们大家所熟知的，一只木桶能装多少水，并不取决于最长的那块木板，而是取决于最短的那块木板。也可称为"短板效应"。因此，学生的偏科会对孩子的成绩产生非常重要的影响，特别是进入小学高年段、初中、高中之后，影响更是深远。调查显示，20%的小学生有偏科现象，而到了初高中则有70%的学生有偏科现象。面对孩子的偏科，我们应该怎么做呢？

1. 弄清孩子偏科的原因，有的放矢

孩子为什么会偏科？是因为在学习之初基础不牢固，还是特别喜欢某一门学科，导致大部分时间都用来学习喜爱的那一门学科而忽略了其他学科，或者受到了家庭影响，如爸爸会说，爸爸小时候××学科就很差，你也一样啊，抑或和孩子的性格有关，如有些喜静、比较腼腆、不愿意开口表达自己的孩子或许在文科学习方面会相对较弱等。每一个孩子偏科的原因都不尽相同，找出孩子偏科的原因，我们才能更好地帮助孩子。

2. 鼓励孩子全面发展

有的家长喜欢给孩子设定目标，如希望孩子长大成为一名科学家，就只让孩子学好理科知识，而不重视文科的学习，甚至对于老师要求记住的会背的知识，家长还会帮助孩子"作弊"，好让孩子腾出时间来学习"有用的"理科知识。

家长要鼓励孩子全面发展，用强科树立信心，认可孩子的学习能力，并告诉他在其他学科上也能学得很好；让孩子知道偏科只是暂时的，每一学科都有难点，也有易学的点，只有全面发展，总成绩才能提上去。

3. 不给孩子灌输负能量

有的家长自认为是"过来人"，就跟孩子讲授自己的"经验"："哎呀，数学太难了，尤其是几何，我当年怎么都学不会""我最不喜欢写作文了，语文老是考不及格"……

家长们一定要记住，无论什么情况下都不能给孩子灌输负能量，否则这种负面影响就真的会"遗传"了。要学会积极鼓励孩子战胜弱科，不断挑战，这样孩子才能进步。

4. 消除孩子对老师的个人看法

孩子天生单纯、直接，喜欢就是喜欢，不喜欢也不会伪装。对于因为老师引起的偏科，家长要引起重视，跟孩子好好谈谈。

告诉孩子学习不是给老师学的，更不能因为不喜欢某个老师，就不喜欢他所教授的课。因为个人情绪而厌恶某一学科，甚至放弃学习，是非常愚蠢和不理智的行为；让孩子主动与老师沟通，说出自己的想法，接受老师的纠正和帮助；告诉孩子，老师是所有学生的老师，不可能只顾某一个学生的感受。

5. 给予孩子及时的、积极的关注

孩子在小学低年段偏科的现象不会十分严重，到了小学高年段或是中学的时候，就会出现明显的偏科现象。随着孩子年龄的增长，家长往往会放心孩子的学习，不能给予及时的关注，等到发现孩子偏科时，孩子的功课已经落下很多了。这就要求家长要给予孩子及时的关注和关心，不能因为孩子长大了，就完全放手孩子的学习。家长们要时刻关注孩子的学习及其心理变化，发现孩子偏科的苗头，及时纠正，等到偏科情况很严重了追悔莫及。

【结语】

任何学科的学习都是有一定的方法和规律的，找到学习方法就能事半功倍。家长平时要多了解孩子的学习情况以及学习上遇到的困难，给予及时帮助。孩子发现问题可以多向成绩优秀的同学请教，也可以寻求老师的帮助。学习是一场马拉松，靠的是方法、毅力和持久力。坚持下去，就会迎来胜利。

如何让孩子适应初中生活？

□ 深圳市宝安区航瑞中学 谢 霞

【案例】

有家长反映：我家孩子自从上六年级后，情绪波动比较大，下半学期尤为明显，经常与我们对着干，有时候反锁房门不让人进，有时候又能感觉到他内心焦躁不安。一谈到初中选校的事，他就跟我们急。后来，与另一位家长聊天，才知道孩子之所以这样，是因为舍不得小学的同学和老师，对中学学习生活很迷茫。孩子一躁，我们也跟着不安起来。该怎么办呢？

【支着儿】

1. 理解，是打开心门的第一把钥匙

每个人都有一段很长的路要走，行走在这条漫长的路上，总会遇到很多不同的人与事。小学六年时光，对孩子来说是最为珍贵的，因为人生能有多少个六年如此单纯、快乐、自由？面对即将逝去的小学时光，要挥手告别自己再熟悉不过的温馨校园、追着要作业的老师、嬉戏打闹的同窗好友，谁能说放下就放下？所以，理解是打开孩子心门的第一把钥匙。理解孩子的不舍与不安，可以尝试以下方法，给他们制造更多美好的回忆：

（1）帮孩子邀约同学、伙伴组织周末活动，娱悦身心。

（2）多关注孩子的校园生活，尤其是多引导孩子畅谈班级趣事。

（3）开展家庭分享会，分享自己的每日生活，养成信赖及相互倾诉的好习惯。

（4）鼓励孩子积极参加学校、班级活动，为孩子拍摄纪录片或者影集当作毕业礼物。

2. 预热，是走向新生活的又一捷径

在孩子能逐渐适应即将告别小学生活这一现实的时候，可以尝试让孩子对初中生活预预热。因为，未知对于人类来说总是可怕的，而将升入初中对孩子来说，就像变回了第一天上幼儿园、上小学一年级的新生，目之所及都透着一股陌生与疏离的气息。如果孩子对未来的学习生活一无所知或是知之甚少的话，就会觉得这是一件可怕的事，焦躁不安、厌倦疏离、恐惧紧张就应运而生了。所以，预热是走向新生活的又一捷径。我们可以这样做：

（1）带着孩子听有关中学生学习生活的教育讲座，与孩子交流自己的看法，倾听孩子的心声。

（2）家中如有亲友的孩子在读初中，可向其寻求帮助，与孩子分享中学积极的学习生活，帮助孩子直观感受，规避一些曲折。

（3）主动询问孩子对中学学校的要求及学习生活的相关想法。如孩子希望能继续与小学伙伴就读同一所中学的请求，但家长在没有了解的情况下就强硬反对，这就会在一定程度上伤害孩子。无论如何，都不能少了沟通，您可以选择强势决定，也可以选择与孩子一起面对，但结果可能是截然不同的。

（4）在与孩子确定申报的中学后，可以选择合适的时间带孩子到学校参观，实地感受一下氛围，舒缓心情，培养熟悉感。

3. 肯定，是最容易打动人心的法宝

孩子之所以会对升入初中有焦躁不安、厌倦疏离、恐惧紧张等心理，除了之前提到的问题外，还有可能是孩子对自己的要求过高或缺乏自信，担心自己跟不上。当孩子出现这样的情况，一个肯定的目光或一句鼓励的话语，就可以有神奇的力量，因为，肯定是最容易打动人心的法宝。可以尝试以下办法：

（1）给孩子做爱心餐，并附上温馨鼓励的话语，肯定孩子的优点，适当

提醒孩子改善不足。

（2）上下学给孩子一个拥抱，暗示孩子这是来自家的温暖和力量，若遇到困难或委屈，家永远是最坚强的后盾。

（3）一封家书抵万金。写家书，不失为一个传情达意的好方法，跟孩子说说心里话，如能收到回应，意味着成功就在不远处。

【结语】

给自己也给孩子一个成长的空间，一段适应的时间。相信自己也相信孩子，最好的时光一直在路上。不要有顾虑，不要有恐惧，我们一直在一起，携手共进，微笑面对，迎接更美好的明天！

孩子总与人发生冲突怎么办？

——我和轩轩关于拳头的约定

□ 深圳市宝安区黄麻布学校　刘海梦

【案例】

"老师！老师！轩轩又跟同学打架了！"班级的纪律委员气喘吁吁地跑到办公室向我报告。这已经是今天的第三次打架报告了。回想起一年前我刚接手这个班，轩轩的这种状态，作为班主任的我仍心有余悸。

通过一年的努力，轩轩这种经常打架、爱与人冲突的小毛病得到了很好的改善。一年多来，轩轩父母的电话成了我手机电话簿里通话记录最多的号码，但这一路走来的辛苦还是值得的，轩轩跟我、跟自己的妈妈都成了无话不谈的好朋友，跟自己的爸爸成了"好哥们儿"。

孩子总与人发生冲突该怎么办？希望轩轩的故事可以帮到你。

在我一年前接手这个班级之初，就有同事告诉我说，你们班的轩轩需要特别关注，因为他喜爱打架。果然，在我接手不到一个星期的时间，轩轩已经多次因与别人发生冲突而被其他同学投诉到我这里。每每接到学生投诉，匆忙赶到教室，都能看到紧握拳头、具有攻击性的轩轩面红耳赤地站在那里，似乎没打赢决不罢休的样子，既劝不动，也拉不走。这种用拳头解决问题的方式，深深地伤害了班级里的其他孩子，轩轩也因此很受伤，不怎么受大家的欢迎。作为班主任的我很想改变这样的状态，改变这个爱用拳头解决问题的轩轩。

【支着儿】

面对这样的孩子，我采取了以下措施。

一、深入家访，了解原因

面对这样一个爱与别人发生冲突的孩子，只有详细而全面地了解他的成长环境和家庭情况，才能从中知道孩子这种行为背后的成因。

开学第一周的周五，在事先沟通过后，我跟随轩轩来到他家，轩轩家住在学校附近的城中村里，一家三口挤在一室一厅的房子里，房子虽小，却被轩轩妈妈收拾得井井有条、干干净净。来到轩轩家，只有轩轩妈妈在家。通过与轩轩妈妈交流知道：孩子在未上小学之前，一直在老家由爷爷奶奶照顾，上学之后才接到深圳来。轩轩爸爸在一家企业做中层管理人员，早出晚归，轩轩妈妈为了照顾孩子上学，在家附近的超市上班。父母都为了生活而辛苦工作，轩轩平时的生活、学习只有靠自己，对于学习上不懂的问题，可能要等到周末，轩轩爸爸有空时才能解答一二。但爸爸对于孩子的学习耐心不够，往往三句话不到就会动手教训。轩轩妈妈对轩轩却极其溺爱，衣来伸手，饭来张口。这似乎也是现代独生子女家庭的常态。

看来轩轩在学校与同学相处之所以演变成这种状态，这与家庭教育和孩子的成长环境有很大关系。虽说每个人的性格没有好坏之分，但性格却对一个人的成长有很大的影响。

二、家校沟通，商量对策

在与轩轩妈妈沟通了解情况之后，我也介绍了孩子在学校的一些情况：轩轩很聪明，就是爱与同学发生冲突，喜欢用拳头解决问题。为了这个聪明而又调皮的轩轩，我又抽了一个周末时间，把轩轩的爸爸妈妈约了出来，面对面交流，告知孩子教育的重要性和紧迫性，孩子才是父母以后的希望和骄傲。如果孩子没教育好，挣再多的钱也没有用。

结合轩轩家的情况，我给出了这样的建议：

（1）父母是孩子的第一任老师，父母的行为对孩子的影响是潜移默化的，所以父母在孩子面前要学会控制自己的行为，特别是轩轩爸爸爱打骂孩子的行为。让轩轩爸爸在孩子和老师的监督下，改掉坏脾气，学会与孩子、与家人通过沟通解决问题。

（2）对于妈妈的溺爱，我的观点是，温柔而和善的正面管教，面对孩子不合理的要求和需要，学会拒绝；面对孩子不良的卫生习惯、不规律的作息时间，要坚决改正，让孩子明白并感受到妈妈严格要求背后的爱。为的是让孩子养成好的学习、生活习惯。

（3）抽时间多陪陪孩子，周末带孩子一起爬爬山、看看电影、逛逛公园，让孩子在行走中学习知识，在与父母的相处中感受到爱和快乐。特别是像轩轩这种留守儿童，只有让他感受到父母的爱与关注，他才能感受到亲情的温暖，感受到父母陪伴的幸福，感受到被人关注的快乐。

我也会隔三岔五问轩轩，爸爸妈妈有没有经常陪伴他，爸爸有没有再打他？只有这种经常的良性的互动，才能在家校之间建立一份信任和支持，才能共同助力教育好孩子。

三、教给方法，学会控制

其实孩子之所以经常与人发生冲突，除了性格原因之外，可能与我们对孩子的关注度不够有关。孩子缺少来自周围的爱与被爱的情绪，想通过这种方式让老师与父母多多关注自己。

为了让轩轩学会控制自己的情绪，我和他建立了一个关于拳头的约定。

1. 暗号提醒

只要看到轩轩要与别人发生冲突时，我都会在一旁举起一只手，做出"四"的样子，再把四个手指弯下盖住大拇指。让轩轩在老师的引导下，慢慢放下攻击的拳头，学会以沟通的方式解决与同学的矛盾。天长日久，轩轩与人发生冲突的行为越来越少了。

2. 拳头控制

我告诉他，当你控制不了自己的情绪时，深吸一口气，弯曲四指向掌心盖住大拇指，让自己平静下来，让自己的拳头没有这么强的攻击性。用友善对待同学，用大度解决矛盾，用克制面对愤怒。

3. 奖励强化

轩轩能控制住自己情绪的次数越来越多，我在班里表扬他的次数也越来越多，我就会告诉轩轩的爸爸妈妈，满足轩轩愿望的次数越来越多。同时我也把这种方法通过轩轩教给了爸爸，让爸爸跟孩子一起学会控制情绪。轩轩在老师和父母的一起努力下，学会了克制情绪，学会了控制拳头，变成了一个人见人爱的小男孩儿。

从初为人师到初为人父，有了孩子以后的我们会发现，其实每个孩子从出生是一张白纸，以后能长成什么样，变成什么人，是在父母的陪伴下，在老师的教育下，在社会大环境的影响下，一步一步慢慢成长的。

【结语】

父母是孩子的第一任老师，更是陪伴孩子最久的老师，在教育孩子之前，要懂得学习，学习教育孩子的方法，学习与孩子相处的技巧，学习面对挫折时的坚持，学习解决问题时的冷静，学习面对冲突时的克制，同时要把这些潜移默化地传递给孩子，影响孩子，让孩子学会坚持、克制、冷静。更希望每一个经常与别人发生冲突的孩子，都能在老师和父母的教育与影响下，"握紧拳头，管住情绪"，学会控制自己的情绪，做情绪的主人，变成一个受欢迎的孩子。

如何缓解孩子的不良情绪？

□ 深圳市宝安区灵芝小学　刘新新

【案例】

班上的小林同学，脾气急躁，总是一不小心就给老师惹乱子。每天总会有学生来告他的状，说他又动手打人了。其实学生口中的动手打人并不多严重，但我知道，对于一名小学生来说，这并不是一个好习惯，必须要改正。慢慢地，我开始观察他。接下来的两件事情，让我了解到他动手打人的原因：控制不住自己的情绪，脾气急躁。

第一件事：一次早操，所有同学走到楼下站好队伍，准备进场，我突然听到有争执的声音，一看是小林同学正在和其他同学争吵，身边的人都说他插队，他在那里拼命地喊："没有！"我过去安慰他，并和他说站在哪里都没有关系，我们站在后面去，这时他的情绪就很激动，坚决地对我说："我就要站在这里。"虽然说最后还是拉他去了后面，但是他的情绪还是很不稳定，甚至伤心地哭了。第二件事：一次外校老师来班上讲课，就在课间，在外校老师的身旁，小林同学和班长打了起来。我心里清楚，以班长的性格，是不至于在外校老师面前惹事的，估计又是小林同学没有控制住自己情绪的结果。拉开了两人，很严厉地批评了双方。班长坦然接受，可是小林同学似乎气还没有消，满脸的愤愤不平，以至于课上我去看他题目完成得怎么样的时候，他都会收起本子，扭过脸不理我。我知道他并不是一个不懂得尊重老师的学生，只是脾气上来了，很难控制自己的情绪。

【支着儿】

通过小林这两件事，我发现对待他这样的学生，声色俱厉是起不到任何作用的，所以我对他采取了以下几种措施。

1. 发现他的优点，以表扬为主

其实小林同学除了脾气急了点，会搞些小动作以外，数学课上是很认真、积极回答问题的，数学成绩也很不错。因此，我总是趁此机会表扬他。我发现，每次表扬他后，他总是一副很害羞的样子。当然，我是想让他自觉反思一下，自己有没有老师夸得这么好，哪里还做得不够好，自己能不能做得更好。所以，为了这个目的，我一直坚持着。哪怕是帮班级捡了垃圾放在垃圾篓，我也会当着全班同学的面去表扬他。慢慢地，我发现，他更喜欢在同学面前表现自己了，会主动帮助老师去分担一些事情。虽然并没有发现他在控制自己的情绪、脾气上有太大改善，偶尔还是会和同学发生一点小冲突，但是我觉得他的集体荣誉感和责任感变强了，这就值得！

2. 冷处理

在外校老师面前和班长打架，却不能面对错误，就连老师的关心都不想正眼面对，我真的很生气，决定对他冷处理。那节课后，我装作很不在意并无所谓的样子对他说："对于你这种犯了错误，又不虚心接受批评的做法，老师真的不想再说什么了，你这种行为，让老师很失望！我以后都不会再批评你了，你冷静一下，如果有什么想和老师说的再找老师说吧……"又生气又语重心长地和他说了这样的话，虽然他始终没有找我说任何话，但接下来每次见面，他都很惭愧地低下头，像是在向我承认错误一样，开始我还是装作什么都没看见的样子，接下来他总是靠近我说一些话，或者主动帮我做些事情。好吧，冷处理结束，用微笑来让一切都变得顺理成章，好像以前什么都没发生过，你依然是我们班的好学生，老师心中的好孩子！

3. 自尊心强，就给他足够的面子

小林同学是个自尊心极强的学生，就上两次在同学面前严厉批评他后的强烈反应，也足以说明这一点。在同学们面前，我多数都是以表扬他为主，但教育是循序渐进的，不可能因为几次表扬，就改掉以前养成的坏习惯，所以问题依旧会出现。知道他自尊心强，所以我没有在全班同学面前批评他，而是选择把他带到一个角落，苦口婆心地去教育，也并不直接严厉地批评，只是和他讲道理，直到他频频点头为止。我知道，他当时会明白，只是坚持不了多久，还是会打回原形。我也不指望能有立竿见影的效果，我觉得时间久了他自然会感觉到老师给了他多少尊重。同样，希望以后在做事情之前，他会想到尊重老师和同学。

4. 和他共同承担责任，用真心去感化

小林同学的错误依然存在，开始做错了，我先对他进行教育，然后要求他去和同学道歉。一次，偶然间想到了军训时因为同学的错误，小队长和班主任被惩罚跑圈，同学们痛哭的场面，随即就想到了，下次小林同学再犯错误，我就和他一起向其他同学道歉。很显然，像他这种自尊心强的孩子，还是很惭愧的。对于这种做法，并不是逢场作戏，而是像自己的孩子没有教育好，就应该和孩子共同承担责任一样。

【结语】

每个人都会有情绪，孩子又怎能例外？而且孩子的自控力差，他们的情绪更需要我们正确引导与帮助。用心陪伴，用爱指引，相信孩子们会变得越来越好！

第五章
小学阶段

05

　　苏联教育学家苏霍姆林斯基说："儿童只有在这样的条件下才能实现和谐的全面发展，就是两个'教育者'——学校和家庭，不仅要有一致的信念，始终从同样的原则出发，无论在教育的目的、过程还是手段上，都不能发生分歧。"

孩子不爱读书怎么办？

□ 深圳市宝安区灵芝小学　李巧云

【案例】

很多家长一谈起孩子的阅读，就愁容满面，感觉用尽办法，都不能提起孩子读书的兴趣。有位家长跟我谈及孩子学习说：要孩子看书，就好像要了他的命似的，一看书，就像有蚂蚁咬他似的坐不住。而且，孩子的阅读速度特别慢，读完书后，也不知道他读懂没。有时候，难得看他在看书，却发现看的是搞笑居多的漫画书。

【支着儿】

其实，没有哪个孩子是天生就爱读书的。阅读行为不是人类本能、自然的行为，而是人类特有的文化活动，但阅读又那么重要，我们应该如何让孩子爱上读书呢？

方法一：一书多读，亲子共读方法多

一说到读书，脑海里就浮现出冰心的名言："读好书，好读书，读书好。"很多家长认为，要孩子读书，就给孩子买各种各样的书，越多越好。但我更建议"一书多读"：选择一本孩子喜欢的故事书，然后用不同的方式读，引导孩子学会专注与反思，让孩子读出乐趣，读出收获。

1. 话题阅读法

拿到一本书，我们可以不必急着打开来翻看内容，我们可以先借书中的话题与孩子畅谈，把孩子自己的经历与主人公的经历联系起来，这样，孩子阅读的兴趣自然就提起来了。这里推荐一套非常适合亲子共读的书，温暖家庭系列《全世界最好的妈妈》《全世界最酷的爸爸》《最棒的生日》。书中描写的生活中熟悉的情节，在阅读中既能感受暖暖的爱，又通过手工绘画等，让孩子发现、感悟自己的幸福。例如，与孩子一起看《最棒的生日》，我们在看之前，可以先与孩子讨论一下他认为最棒的生日会是怎样的？要邀请谁？想吃什么，穿什么？……然后再与书中的角色进行对比。

2. 亲子续编阅读法

续编阅读法是建立在联想阅读法基础上的。看完一个故事后，可以与孩子按照故事的线索，继续创编下面的故事。还有另一种脑洞比较大的玩法，就是直接不看文字，而是关注绘本的每一幅插图，家长与孩子一起看图编故事。孩子编第一页，家长沿着孩子的逻辑与内容续编第二页，以此类推，这样在家长与孩子的合作下，就能创编出他们自己的"绘本故事"。

方法二：兴趣引入，让孩子不反感书

俗话说：主动追赶蝴蝶的孩子，会比后面有野猪追着跑的孩子跑得快，跑得长久。讲到兴趣，生活中，很多家长实质上是孩子读书兴趣的"灭火器"。例如，与孩子一起去书店选书时，总觉得孩子手上拿的书太幼稚，不健康，然后带他们直奔《阅读宝典》《同步作文》等工具性的参考书，让孩子觉得索然无味。

常言道，兴趣是最好的老师，我们应该把选书的权利交给孩子。当然在孩子小的时候，家长还是有引导和筛选的责任。在选书时，我们可以通过孩子平时喜欢的事物入手，给他们推荐适合他们读的经典好书。例如，女孩子喜欢公主类的故事，那我们可以给她们介绍一些关于白雪公主等经典的童话故事；男孩子喜欢历史，那我们可以给他们介绍《寻宝记》等文学科普图书。

方法三：固定时间，养成阅读习惯

认知脑神经科学家的研究表明：人脑并非为阅读而生，没有人是天生喜

欢阅读的。阅读习惯需要后天培养，经过长时间文字的刺激或者训练，大脑会出现生理结构的改变，产生专门处理阅读和文字信息的区域。

俗话说：一日读书一日功，一日不读十日空。阅读习惯需要长年累月培养，要形成一个成熟的"阅读脑"，至少需要10年左右的时间，才能终身受用。之前听一位老师分享：他家孩子每天都有写完作业就看书的习惯。现在小学毕业，不管有没有人监督，只要写完作业，孩子就自觉拿出书来看。

因此，我们一定要在孩子刚开始阅读的时候，帮助他养成固定的阅读习惯。让阅读变成和睡前洗漱一样雷打不动的固定流程。这项活动可以在晚饭后、睡前、写完作业后等一些标志时间开始。

【结语】

冰冻三尺，非一日之寒。孩子的阅读习惯不是一朝一夕就能养成的，需要长期坚持。作为家长，我们要和孩子一起努力，给他创造一个环境，给他树立一个榜样，与孩子一起在阅读的滋养下越来越优秀。

怎样让孩子爱学数学、学好数学?

□ 深圳市宝安区灵芝小学　郑梦曦

【案例】

在接触数学的过程中，有不少孩子存在不喜欢学数学，数学成绩不理想等问题。下面是一些帮助孩子学习数学的小方法，希望能够帮助家长解决问题!

【支着儿】

首先，了解一下数学。

数学具有抽象性、逻辑性等特点，这些特点使数学具有理性美。但这种理性美并不是所有孩子都欣赏得了的，原因有二：一是当孩子处于形象思维为主的阶段时，对抽象的数学知识学起来有一定的困难；二是根据多元智能理论，人类的智能分成八种，"逻辑数学智能"只是其中的一种，不同的孩子对这八种智能有不同的倾向，如果你的孩子不大喜欢数学，可能是他对这方面暂时还没有倾向性。

接下来，试试这样做。

1. 思想上正视这种现象

只有认识到出现这种情况是客观存在的，心里才会平和一些。只有心情平静，才会有耐心去教育孩子，否则怨天尤人、脾气暴躁地去责怪孩子，只能导致欲速则不达，出现恶性循环的不良后果。

2. 树立孩子学好数学的信心

当你的孩子对数学有惧怕感时，应以鼓励为主，少指责埋怨。可采取"小步子方法"，即让孩子先做简单的题目，当他做对了，就给予及时的奖励，然后在此基础上逐步提高要求，让他每前进一小步就增强一些信心，慢慢地使他树立起学好数学的信心。

3. 培养孩子学习数学的兴趣

当你发现孩子不喜欢数学时，应该冷静地分析原因：是因为数学太抽象很难懂，还是因为基础没跟上，学起来很吃力，导致对数学学习失去兴趣？找到原因后再对症下药，如果是基础有漏洞，那就给他补习基础；如果是觉得数学比较难理解，可以给他多举一些生动的例子和打些形象的比方，或者多利用一些直观的学具让他搞明白。要记住，弄懂是孩子产生兴趣的前提条件。

4. 利用其他兴趣来"嫁接"

当你发现孩子对数学学习兴趣不浓，但对其他方面有浓厚的兴趣时，要巧妙地把兴趣"嫁接"过来。例如孩子喜欢画画，就利用他这个特长画数学中的几何图形，在画几何图形的时候，让他潜移默化地学到几何中的有关知识；又如孩子喜欢玩电脑，就适当地购买一些数学游戏题卡让他在电脑上寓学于玩。

5. 引导孩子多发现生活中的数学知识

平常和孩子一起生活时，经常让他说说哪些有数学知识？哪里能用学到的数学知识来解决实际问题？只要做个有心人，生活中的数学问题还是很多的。当孩子解决了一个数学问题就要给予肯定，这样会使孩子感到学数学很有用，慢慢喜欢上数学。

6. 不要给孩子搞"题海战术"

有些家长为了提高孩子数学成绩，就让孩子做大量的练习题。殊不知，这也是导致孩子不喜欢数学的原因之一：机械重复的作业会使孩子感到厌烦。不如跟孩子"约法三章"，同类题目做对一道，奖励减少家庭作业，这样会使他做题更认真。

【结语】

巧妙地使用一些小游戏，让孩子爱上数学其实并不难。

孩子不爱写家庭作业怎么办？

□ 深圳市宝安区灵芝小学　李巧云

【案例】

常常会在深夜的时候收到家长的QQ留言，反映孩子在家里不爱写作业，写作业时不专心，爱拖拉，写一会儿停一会儿，一会儿喝水，一会儿上洗手间。时间过了很久，作业却没写多少。就算写完了，也是敷衍了事，字迹潦草。

【支着儿】

遇到孩子不爱写作业，家长怎么做呢？

1. 兴趣是最好的导师

孩子不愿意写作业，一部分原因是因为他们觉得家庭作业是他们不能自由玩耍、不能看电视、不能玩游戏的"罪魁祸首"。那我们可以根据孩子好玩的性格特点，把写作业变成游戏或赋予仪式感，如写作业时，与孩子玩"穿戴成功服饰"的游戏，即让孩子挑一套特别的学习服饰，如一顶思考帽，一副没有镜片的眼镜，只要学习时就戴上。有研究发现，当孩子假装成超级英雄时，他们坚持的时间更长。还有，我们可以给孩子提供一个固定、舒适的学习环境——书房，让孩子在潜意识中认为这个地方就是学习的地方，养成习惯后，他们也会喜欢沉浸在书房中学习的感觉。

2. 培养孩子专心写作业的习惯

在这里，我推荐两个办法，一个是"限时法"，另一个是"中途安抚法"。所谓"限时法"，就是在写作业之前，先与孩子商量写作业的时间，为了让孩子有成就感，我们可以按科目给孩子限时。例如，我们先了解一下孩子的作业量，估计一个完成时间，然后征询孩子，如"语文40分钟能做完吗？数学30分钟能做完吗"，确定后，和孩子做个"君子之约"，孩子会欣然接受这个约定，并且努力去完成。

若发现孩子写作业时有不专心的状况，只要不是太过分，就让他动一动，毕竟家是歇息的地方，比学校要自由得多。如果孩子注意力不大集中，有拖拉的行为，父母可在旁边提醒一下，如"已经做了15分钟了，加油"。

若发现提醒效果不佳，家长觉得必须要制止时，我们就用"中途安抚法"。可以走到孩子身边，用手抚摸他的头，问："是不是遇到难题做不下去了？要不要爸爸妈妈帮你一下？"这样可以把孩子的注意力拉回到学习上。通常情况下，孩子会说没有难题，这时父母要表现出一种平静的神情："相信你很快会做完的，爸爸妈妈等着你好吗？"这种方法实际上首先中止了孩子的拖拉行为，然后让孩子明白：父母在关注他，希望他快一点完成作业。在孩子写作业的过程中，我们最后用表扬的方式鼓励孩子、肯定孩子，因为世上没有不爱表扬的孩子，如果责骂、数落孩子，就会延续他的坏习惯。

3. 让孩子体会完成作业的乐趣

家长应该在孩子写完作业后，给予他们足够的时间来自由玩乐，让他们尽情享受放松的时间，体会有效完成作业的好处。

【结语】

"父母之爱子，则为之计深远。"为孩子遮风避雨，孩子只是安全一时，让孩子自己练出钢筋铁骨，他们才会受益一生。所以，我们要巧用办法，在家里营造学习氛围，在低年段的时候，培养孩子乐于学习的习惯，让他养成不用父母监督，也能自己独立完成作业的好习惯。这里需要温馨提示，莫把全程陪伴监督当成是一种爱。"爱之不以道，适所以害之也。"时时刻刻守着孩子写作业的方法，从根源上来说，是对孩子的不信任，也会让他们养成依赖，遇到难的问题不愿想，等着回家爸爸妈妈教他们，更甚者，只要答案，不要讲解。如果是这样，就得不偿失了，孩子累，家长更累。

我们要做的是明心、净心，成长自己，给孩子更有价值的陪伴。

怎样用阅读引领孩子健康阳光成长?

□ 深圳市宝安区灵芝小学　熊艳丽

【案例】

　　一天晚上,我接到一名学生家长的微信留言:"老师,我发现我的孩子对阅读没什么兴趣。每天老师布置的阅读作业,孩子总是敷衍了事。我要是督促她去认真完成,孩子总是不耐烦地回我一句'妈妈,我在学校看了,现在累了,实在不想再看书了'!"这位焦虑不安的母亲对孩子的阅读已经有些束手无策了。

　　怎样培养孩子的阅读兴趣,引领其健康阳光成长,这已经成为很多家长迫切需要解决的一个难题。众所周知,随着高考语文的改革,语文试题的阅读量更大了,阅读的文章也越来越有深度了。可以说,阅读能力是最重要的学习能力,它不仅关系到孩子目前的学业成绩,甚至关乎是否能为孩子的人生打好精神底色,影响孩子的一生。阅读能力的提升关键取决于素养阅读。在当今知识爆炸和迅速更新的时代,阅读的途径呈现多元化,无论是传统的纸质阅读还是现代化的电子阅读、网络媒体阅读,都为我们打开了一扇通往世界的窗户。但是,如果我们一味没有任何甄别地去阅读,不仅会浪费大量的时间，甚至还会走很多弯路。我们成人尚且容易迷失自我，更何况是未成年的孩子，他们更需要我们的引导，选择健康有益的阅读内容，避免误入歧途。

【支着儿】

怎样才能提高孩子的阅读能力？我想从以下几个方面来谈谈我的感受。

1. 亲子陪伴，激发孩子阅读兴趣

儿子自幼时起，我就特别注重培养他的阅读能力。记得在他3岁的时候，我在友谊书城买了一个点读机，里面有很多有趣的听读故事：成语故事、寓言故事、童话故事、历史故事等。我一下班只要有空就会陪他一起听，他一边听一边会在旁边安静地搭积木。只要音乐停了或是我走开了，他就会停下来说："妈妈，不要停。妈妈，不要走，陪宝宝。"虽然那时候的他识字没几个，但就是这么不断地陪伴他听故事，慢慢地就培养了他对阅读的兴趣。

2. 素养阅读，培养孩子探索精神

作为家长的我们，应该帮助孩子去选择有益他们身心的书籍。有时候，家长可以适当地用一些书籍来培养孩子的探索精神。这些书籍的内容，远到宇宙苍穹，近到人体自身，还有各种陆地、森林、草原、沼泽地、深海湖泊……为他们打开了一扇扇通往大自然科学的大门，也激发了他们的探索精神。

3. 广泛阅读，拓宽孩子人生视野

有人说，阅读最大的魅力就是"身未动，心已远"。只要你走进书的世界，你便会发现世界之辽阔。父母看什么书，直接会影响孩子的阅读选择，而这些书籍无形之中也会拓宽孩子的视野，让孩子渐渐懂得世界多辽阔，自己多渺小。

4. 阅读引领，教会孩子做人

古人云：人之初，性本善。孩子像是一张白纸，这张白纸由我们去描绘。我们总是能在孩子的身上看到自己的影子。孩子小的时候，我们可以用言传身教来引导孩子做人。当他们长大一点的时候，我们的知识渐渐变得有限，这时候，好的书籍就发挥了作用，有时候对孩子的影响甚至会超过我们。所以，选择有益的书籍对孩子来说是多么重要。

【结语】

有人说：孩子就像一杯水，我们做父母的就是那个装水的杯子。如果我们不去正确地引导和教育孩子，他们就会被泼进地里，不知所踪。我们要用阅读这个杯子去塑造他们，塑造孩子健康的人格，培养他们美好的品质。阅读是一种最有效的亲子陪伴，帮助您在孩子生命的不同阶段，给予他们心灵的养分和成长的力量，引领他们健康阳光成长。

孩子过于任性怎么办？

□ 深圳市宝安区灵芝小学　赖美芳

【案例】

生活中，我们不难看到这样的场景：带孩子去商场，孩子看到一个很喜欢的东西想要，但是妈妈不想买，孩子开始哭闹。不管妈妈怎么哄，孩子就是不依不饶，甚至在地上打滚，非买不可。妈妈觉得孩子在公共场所哭闹很丢人，于是妥协，买给孩子。于是孩子记住了，每次达不到目的就哭闹，直到家长满足自己的要求为止。这样就形成了一个恶性循环，孩子慢慢变得不讲理。

很多家长可能都面对过类似的问题，但我们却没有意识到孩子任性大部分是由家庭因素造成的。现在很多家庭是独生子女，家长大多溺爱孩子，尽量满足孩子的各种需求，特别是家里有爷爷奶奶的，就更加宠爱、纵容孩子，把孩子养成了家里的"小皇帝""小公主"。那么，当孩子出现过于任性行为时，该怎么办呢？

【支着儿】

1. 安静缓和法

这是对正在任性发脾气的孩子使用的一种方法。孩子发脾气时，情绪兴奋、激动，有时甚至大哭大闹。对于孩子以哭闹提出的无理要求，家长要断然拒绝，因为孩子的哭闹也是试探性的，如果没用，他就不会再以哭闹来达到目的了。安静缓和法要求家长此时应持平静的态度，让孩子安静下来。若孩子仍不依不饶，可采取"冷处理"的方法，就是对其任性行为暂时不予理睬，待孩子平静以后，再用平缓的口吻对他进行教育。

2. 晓之以理法

当孩子有过于任性行为时，家长要做的是给孩子讲清楚道理，而不是以粗暴的方式来教育孩子，让孩子认识到自己的行为不对以及哪里不对，为什么不对。需要注意的是，对孩子讲道理要深入浅出，让孩子易于接受。家长可用讲故事的方法，如德国著名童书大师曼弗雷德·迈的小狐狸经典情商教育绘本，就是很好的范本。这套丛书分为6本，专为孩子量身打造，以一只调皮可爱的小狐狸为主人公，通过它的一言一行达到潜移默化的教育目的。每一本书都会解决孩子普遍存在的一个问题，培养孩子健全的人格和良好的情商。童话是对儿童进行说理教育的有效方法，有选择、有针对性地给孩子讲童话故事，借童话故事去触及孩子的心灵，帮助孩子改正不良习惯。

3. 合理满足法

对于孩子的任性行为，我们不能只表达对孩子的不满情绪，也要让孩子有表达和解释的机会。孩子的任性常常是为了争取某种需要的满足，正确的做法是以合理的方式满足孩子合理的需要，不妨俯下身子，倾听孩子的声音，让他说清楚坚持这件事的理由。如果他对这个表面很无理的要求能够提出合理的解释，家长就能理解孩子内心真正的想法。这是家长和孩子很好的交流机会，孩子觉得你尊重他，他也就信任你。家长如果长期不给孩子解释的机会，只是粗暴对待孩子的任性行为，慢慢地，孩子就不愿意与你交流了。

孩子任性不听话，往往是因为大人不懂小孩心理。家长自己也经历过孩童时代，也有过任性的时候，要多站在孩子的立场，用孩子的眼光看问题，用孩子的心感受生活，才能走进孩子的内心世界。我们一旦读懂了孩子的心，在管教孩子的时候就会多一些顺利，少一些失误。

孩子内向、不爱说话怎么办?

□ 深圳市宝安区灵芝小学　叶小美

【案例】

老师，随着孩子越来越大，我们之间的话题变得越来越少，是孩子长大了吗？为什么不爱说话了呢？

【分析】

关于孩子内向、不爱说话这一问题越来越多，当家长不能及时了解孩子的心理状态及生活状态时，就内心充满焦虑，担心的问题就越来越多。作为家长，首先要摆正自己的心态，读懂孩子不爱说话背后的原因。

1. 天生气质

心理学理论认为，每一个人都属于四种气质类型中的一种：胆汁质和多血质，相对比较活泼；抑郁质和黏液质，相对来说不愿意表达或羞于表达。后两者气质的孩子虽然有些内向，但也有优点，如坐得住、较专注、心思较缜密等。不过，如果孩子属于天生气质的原因，那么不爱说话这一点还是比较难改的。

2. 交流方式

父母是不是总是用肢体语言取代口头语言？或者是经常性地否定自己的孩子，控制自己的孩子？如果你的回答是"是"，那么，你的孩子不爱说话就不是天生气质的原因了，而是你们太强势，对孩子的管控太多，导致孩子的性格出现了偏差。孩子的需求得不到父母的理解和接纳，孩子就容易变得郁郁寡欢，不肯主动，不愿意去交往。

3. 语言环境

如果父母经常回到家只是跟孩子简单地交流一下吃什么或者是敦促一下学习，抑或孩子与你交流时，你敷衍应付，不理睬他，那么你的孩子不爱说话也就不足为奇了。当孩子缺乏一个语言交流的环境时，他就学不会如何去跟别人说话，如何去分享自己的心情，如何学会外向的表达。久而久之，他就不再愿意说话了。

孩子内向、不爱说话怎么办？

【支着儿】

1. 智慧应对天生气质的孩子

一个孩子成不成功、优不优秀和他是不是内向并无直接关系，反而是父母对此的态度很可能决定了他的未来。对于天生带有内向气质的孩子来说，爸爸妈妈首先不要把内向和不自信、不合群画等号，不要贴标签。

被誉为"钢铁侠"、第二个乔布斯的埃隆·马斯克从小不爱说话，总躲在家里，当人们用异样的眼光看待他时，他的母亲却不以为然："儿子很棒。他不爱说话，是因为他一直在思考。"

正是这种充满智慧的母亲，保护了马斯克的内向性格，并且使他将性格优势发挥到极致，成为真正的天才。

2. 消除害怕，打开正确的交流方式

孩子内向、不爱说话，是因为害怕，害怕说不好，害怕说错话……我们要做的就是帮孩子把这些害怕都消除掉，给孩子一个轻松的交流环境。

首先，家长要认真倾听孩子的每句话。你的不用心，孩子是可以感觉到的。久而久之，他也会觉得与人说话没有意义。其次，孩子与你交流的过程中，会出现含混不清的表达、欲言又止等问题，家长切勿不理睬或者急着指责。俗话说：好孩子都是夸出来的。每个孩子都渴望鼓舞，相比于外向的孩

子，不爱说话的孩子更渴求激励。所以，及时鼓励是帮助他们增强力量感最有效的方式，千万别动不动就否定他、打压他！当孩子每次试图去多说说话的时候，请你一定要留心观察，而后为他的勇气给予赞美。最后，孩子对父母的言行是非常关注的，也是受影响的，因此父母之间应该形成融洽和谐的交流模式，这样孩子就会在潜移默化之中受到语言的刺激，在不知不觉中模仿起来，在该表达的时候就能够恰如其分地进行表达了。

3. 创造机会，丰富孩子的业余生活

父母在日常生活中应该有意识地增加孩子与人交流的机会，如带孩子多与外界接触，多和小伙伴沟通，多学点东西，等等。

同时，我还建议家长要尽早发现孩子的特长，如孩子喜欢阅读或者喜欢画画，及时创造机会，让他在这个方向上不断去发展，必要时还要鼓励他在这方面超越其他孩子，这样的话，他在学习生活中就有一些核心独特的能力。对他来说，这就是价值感的来源，自信的来源。因为他能够从中获得一种成功的体验，会让他觉得自己是有价值的，从而消除了他在社会化过程中受挫而否定自己、害怕交流的自卑心理。总之，家长要善于去引导孩子如何与人交流，不断地丰富孩子的生活，给孩子创造更多的人生自信。

【结语】

阅读、故事是打开孩子话匣子的最好依凭，"儿子很棒。他不爱说话，是因为他一直在思考"这样的模式，既尊重了孩子，又给了孩子宽松的氛围以及满满的期待。

孩子不爱运动怎么办?

□ 深圳市宝安区灵芝小学　黄宇静

【案例】

有家长说：我家孩子什么都好，学习很自觉，也爱看书，就是不喜欢运动，整天宅在家里，周末带他出去玩也不愿意。这让我们很苦恼，不知道怎么办?

让孩子爱上体育运动最有效的办法，就是陪孩子一起体验运动的乐趣。

【支着儿】

1. 激发兴趣

孩子如果不爱运动，我们可以跟孩子讲一讲运动对身体的好处来让孩子爱上运动，激发孩子的运动兴趣，激起孩子的主观能动性，让运动带给孩子强壮的体魄。

2. 寓乐于教

现代科技给人们带来了很多资源和许多便利。孩子喜欢宅在家里，我们可以进行室内运动，通过抖音小视频，跟着运动达人，一起随着音乐运动起来，在娱乐中锻炼身体。市面上流行的健身环游戏，也很适合家人一起在家玩乐。在游戏闯关中，既可以锻炼身体，又可以增进彼此的感情。

3. 养成习惯

当然，室外的空气更加新鲜。每天定时带孩子到公园散散步、慢跑，更有益身心。例如晚饭后，出门散步半小时，主动督促孩子养成饭后百步走的习惯。

家中的小侄子，喜欢宅在家里玩手机，不爱运动。于是，我带着他一起做了一些有趣的运动游戏，让他开始觉得运动的乐趣远远大于手机的诱惑。我收集了几个运动游戏，和侄子一起玩，您也可以试试。

（1）跳数字

准备：1～10的数字纸板。

游戏方法：家长先把数字纸板按顺序依次平放在地面上，卡片间的距离不要太远。然后让孩子从1～10一边数一边跳过去，完了再倒着跳回来。等孩子熟悉游戏方法后，可以把数字顺序打乱，让孩子按照顺序找到卡片并跳过去。也可以家长下口令，孩子跳。还可以家长任意说数字（不要说两个数字间隔太远，孩子根本跳不过去的），让孩子快速找到对应的图片并跳过去。

（2）小小巡逻兵

准备：木棒，宽阔安全的场地。

游戏玩法：让孩子把木棒挎在腰间，扮演小小巡逻兵，并一边沿着场地走，一边念儿歌："我是小小巡逻兵，爬高山，下江海，白天黑夜守边疆，耳朵灵，情况明，敌人难逃我眼睛。"听孩子唱完儿歌，家长立即说："有情况，准备跑！"孩子立即变走为跑。跑一段后，家长再说："情况处理完毕，继续巡逻！"让孩子再次边走边唱儿歌。

（3）小兔赛跑

准备：宽阔平坦的场地，皮球两个，秒表。

游戏玩法：家长先在地上画好起点和终点，然后和孩子分别一人用脚踝夹住一个皮球，摆出小兔子的姿态，从起点跳向终点，并用秒表计时，看谁先到终点以及用了多长时间。注意，输赢不是目的，关键是要鼓励孩子在竞争中不断提高成绩。

当然，最有效的教育是言传身教。我想，如果我们的父母能够养成运动的好习惯，那么，孩子肯定也能有样学样，能从父母身上认识到运动的好处，孩子就会更加富有活力，富有想法，并且充满阳光。

【结语】

只有父母与教师养成了良好的运动习惯，您的孩子或学生才能形成良好的运动习惯。

孩子老发脾气怎么办?

□ 深圳市宝安区灵芝小学　蒋佩君

【案例】

"老师，老师，小A又在班里发脾气了，把桌子推倒了。"

"老师，昨天让小X早上在家读英语，就是不愿意，还发脾气呢。"

【支着儿】

最近听说孩子发脾气的次数越来越多，孩子们长大了，越来越有自己的想法，于是发脾气的学生也不再是少数了。那么，针对孩子爱发脾气的情况，我们应该怎么处理呢?

首先，冷处理。孩子在发脾气的时候一般情绪都比较激动，容易语言攻击，心情一时难以平复。作为老师和家长，我们需要做的就是冷处理，冷落孩子一段时间，让他平复心情，控制住自己的情绪，切忌以暴制暴，这样对下一步的处理才更加有效。

其次，和孩子一起分析发脾气的原因。在孩子平复心情后，慢慢引导孩子说出发脾气的原因。如果是因为自身原因而乱发脾气，我们就要坚定自己的立场，不能顺从孩子。如果是因为孩子被误会或者不被理解而发脾气，作为老师和家长，我们应该了解清楚原因，听孩子倾诉，从孩子的角度出发思考问题并且解决问题。不要应付式地和孩子进行沟通，这样，他们会更恼火。

再次，我们可以给孩子提供一个发泄的途径。孩子因为学习压力大，在学校和同学相处不愉快等众多原因导致心情不愉快，又因为不善于自我调节，所以导致乱发脾气。作为家长，要给孩子提供一个发泄的途径，释放压力。例如，带孩子去游乐场玩游戏，带孩子看一场电影，和孩子一起做美食等。这些方法虽然简单，但是效果不错，孩子通过不同的方式将内心的压力释放出来，心情就会轻松愉快。

当然，最重要的是作为家长的我们要以身作则，给孩子树立好榜样。孩子的脾气很大一部分受到周围环境的影响，尤其是家庭是否和谐。有调查证明，在父母温和、明事理的家庭出生的孩子很大一部分都能和父母一样柔和、温顺。相反，如果孩子的父母喜欢吵架，过于偏激，孩子也会相对暴躁，容易发脾气。所以，作为父母，需要以身作则，提高自身修养，给孩子创造一个和谐、尊老爱幼的家庭环境。

最后，不要忘记告诉孩子沟通才是解决问题的最好方式。如果孩子长期将心事藏起来，这样会一直闷闷不乐，不利于情绪的管理。作为家长，要多鼓励孩子和自己分享，并耐心地和孩子一起解决问题，这样，孩子才会敞开心扉。

【结语】

学会有效沟通，做情绪的主人，赢得别人的尊重。

孩子在学校老丢东西怎么办？

□ 深圳市宝安区灵芝小学　蒋佩君

【案例】

片段1："老师，小L今天把校服弄丢了，麻烦您帮我看看教室有没有多的校服？"放学后，我收到了小L妈妈的信息。

片段2：最近我们3位班主任整理办公室时，发现多了一个水杯和一件校服，相互询问后发现这些东西放在办公室一段时间了，却没有找到主人。

【支着儿】

我相信，这样的片段在小学校园里时常发生。孩子因为没有养成收拾保管的良好习惯，以至于丢三落四的情况时常发生。那么，如何解决这个难题呢？

首先，我们要了解孩子爱丢东西的原因。有时候孩子们弄丢东西并不是故意的，可能是因为没有养成保管的习惯，他们依赖于家长为自己包办一切，如清理房间、整理文具。有时候家长对物品位置的了解甚至比物品的主人还要清楚。过度的依赖不利于孩子养成保管的习惯。所以，家长要适度放手，让孩子拥有主动权，了解自己的物品有哪些，承担起保管的责任。

其次，可以让孩子给自己的物品做好标记，方便在丢失后找回。有的孩子在寻找物品时不清楚物品的特点，不能准确找回，因为迷糊而丢失物品的情况不在少数。所以，家长在给孩子准备好物品后，应该先让孩子学会给自己的物品做记号。比如，在文具盒里面贴好便签，写好自己的名字；家长可以在新买的校服标签上绣上孩子的名字；孩子可以在水杯显眼的位置写上自己的名字；等等。有了这些标记，孩子们在弄丢东西时能更快地找回自己的物品。

再次，家长和老师要培养孩子用完物品物归原处的习惯。在平常与家长的交流中了解到，孩子的房间通常是妈妈收拾的。这样长期下来，孩子就可能会养成懒惰的坏毛病。培养孩子的独立性才是解决丢三落四习惯的根本方法。在家里，孩子用过的文具和玩具要自己收拾整齐，放回原处，在下一次使用时就知道在哪里。在学校，自己的衣服、文具在使用后放回抽屉或书包。这样长期的训练才会让孩子逐渐养成物归原处的习惯，就不会再弄丢自己的物品了。

最后，老师和家长要经常对孩子进行勤俭节约优良传统的教育。在学校，老师可以在班会课上围绕勤俭节约展开讨论，让孩子深刻了解弄丢东西是需要再用钱去购买的，只要保管好自己的物品，就可以节约资金做更有意义的事情。在家里，家长可以给孩子制定规则，只要弄丢了东西，就需要用自己的零用钱再买。这样，孩子才能意识到保管好物品的重要性。

孩子在学校丢东西的情况时有发生，针对这种情况，我们只有从平时的学习和生活中的细节入手，培养孩子的独立性，增强孩子的责任心，这样，我们校园的"失物招领小柜子"才会越来越失去作用，孩子们丢的东西也会越来越少。

【结语】

家校共同努力，在学生成长的关键期培养他们自我管理的能力，做自己的主人。

孩子课堂回答声音小怎么办？

□ 深圳市宝安区径贝小学　叶楚欣

【案例】

"嗯……这道题……那个……小鸡和小鸭会……"小煜的声音越来越小，我盯着他，自己也紧张得捏了一把汗。小煜是我班上回答问题时特别小声的孩子，即使这个问题对他来说并不难。然而，班上课堂回答问题声音小的不止小煜一个。有部分学生回答问题总是畏畏缩缩，毫无生气和自信。可是，他们中某些学生在课间的声音却穿透力十足！这样的情况让我很不解。于是我开始观察别的老师是如何开展师生互动的。

"雅雅，你可以把这句话的小问号读成大问号吗？""可以！你的耳朵怎么是耷拉着的呢？"雅雅用响亮而自信的声音把这句问句读得趣味十足！这是科组长刘玲老师引导我班上的学生回答问题的情境，让我深受启发，原来引导学生回答问题大声、响亮也是一门学问。

【分析】

经过我和班上孩子的沟通，我整理了他们回答问题小声的原因：

（1）孩子对于问题的答案没有十足的把握。

（2）孩子天生性格内向，缺乏自信心。

（3）低年级的孩子还不习惯在众人面前回答问题。

（4）老师的提问未能激发孩子的回答欲望。

面对这种情况，我逐一想办法改善。

【支着儿】

针对第一种情况，我利用一节班会课来和孩子们说明回答问题的意义所在。我告诉孩子们，回答问题的意义不在于回答出老师心中期望的答案，而在于你们是否大胆说出了自己内心的想法。答案没有对错之分，每一次举手、每一次回答，对学生来说都是一次进步。

第二种情况中，这类孩子心理比较脆弱，特别需要老师的关注。一旦答错问题，对孩子的打击是不小的。所以，老师要尽量找难度适宜的问题来提问。孩子回答问题时，要看着他的眼睛并保持微笑，用充满期待的眼神和点头给予孩子适时的肯定与鼓励。哪怕回答错了，老师也要说一句："你的进步非常大。你课后多努力，一定会有更大的进步的！"

针对第三种情况，我让这类孩子都有机会上台领读课文。每天5个领读机会，早读2个，午听2个，放学前1个。学生像小班长似的上台领读，对于学生而言，意义非凡，他会带着老师的肯定和同学们的鼓励，读得自信而响亮。

针对第四种情况，老师要把备课内容做得更完善。我们不能一味地要求孩子回答大声、再大声一点，而是引导孩子走进课文内容，走近人物的内心，走入自己的想象或思考中，才能发自内心地愿意回答。尤其是针对低年级的孩子，要及时提示孩子回答问题的要点，就如上文提到的"你可以把这句话的小问号读成大问号吗"，这样的引导既有趣味性，又有挑战性，同时还提醒孩子要读出问句的语气来，可谓一举三得！

在绘本《我会表达自己——不要害羞 勇敢地说》中，平时声音细若蚊蝇的妮妮，使用了爸爸送给她的魔力麦克风后，她的声音变得响亮而动听。在故事的最后，爸爸对妮妮说出了真相，勇气其实在你心里，那个能让你发出动听声音的神奇魔力就是你自己，我们每个人只要鼓起勇气，就能说出自己想说的话。

我相信，每个孩子都被上天赋予了金嗓子，只要孩子能鼓起勇气，能得到老师的关注，就一定能大声地、自信地表达自己！

【结语】

尊重和爱护孩子的自尊心，要小心得像对待一朵玫瑰花上颤动欲坠的露珠。